“马克思主义理论与思想政治教育研究”丛书

高校思想政治教育与教学工作创新研究

魏晓笛 董 礼 张子林 张淑珍 | 编著

中央编译出版社
Central Compilation & Translation Press

图书在版编目（CIP）数据

高校思想政治教育与教学工作创新研究／魏晓笛编著．—北京：中央编译出版社，2019．12

ISBN 978-7-5117-3813-4

Ⅰ．①高…　Ⅱ．①魏…　Ⅲ．①高等学校－思想政治教育－教学研究－中国　Ⅳ．①G641

中国版本图书馆 CIP 数据核字（2019）第 283685 号

高校思想政治教育与教学工作创新研究

出 版 人：葛海彦
出版统筹：贾宇琰
责任编辑：李媛媛
责任印制：刘　慧
出版发行：中央编译出版社
地　　址：北京西城区车公庄大街乙 5 号鸿儒大厦 B 座（100044）
电　　话：（010）52612345（总编室）　（010）52612335（编辑室）
　　　　　（010）52612316（发行部）　（010）52612346（馆配部）
传　　真：（010）66515838
经　　销：全国新华书店
印　　刷：北京紫瑞利印刷有限公司
开　　本：710 毫米×1000 毫米　1/16
字　　数：248 千字
印　　张：15．5
版　　次：2019 年 12 月第 1 版
印　　次：2019 年 12 月第 1 次印刷
定　　价：80．00 元

网　　址：www．cctphome．com　　邮　　箱：cctp@cctphome．com
新浪微博：@中央编译出版社　　微　　信：中央编译出版社(ID：cctphome)
淘宝店铺：中央编译出版社直销店(http：//shop108367160．taobao．com)
（010）55626985

前言

费孝通先生从社会关系的角度指出，人们之间的很多意念，不能用逻辑和语言说清楚，总是表现为一种“言外之意”，这些“意会”的领域，是人与人关系中一个十分微妙、十分关键的部分。这种“意会”的研究，其实就是把社会学中最基础、最一般的概念——“社会关系”——的研究向深一层推进。学术上，其实并不是说总要一味去搞那些新奇的、超前的概念，很多常见的概念，恰恰需要不断深入探讨，也往往是我们新的学术思想的最好的切入点和生长点。① 费孝通先生从人类文化学的视角提出采用“自觉”的概念，强调要关注人的精神世界以及精神生活，从而实现文化自觉。只有实现文化自觉，才能从文化自觉走向文化自信。通过思想政治教育能够改变人的思想观点和精神面貌，丰富人的精神世界以及满足人的精神需求，从而形成一种精神上的力量，这种力量反过来能够创造更多的物质财富和精神财富，从而推动文化自觉，坚定文化自信。

一、思想政治教育创新是新时代的呼唤

思想是行为的先导，理论是时代的呼唤。理论是被把握在思想中的

---

① 中国社会科学院社会学所编：《中国社会学年鉴 1999—2002》，北京：社会科学文献出版社 2004 年版，第 10—12 页。

时代。中国特色社会主义进入新时代，进入新的发展阶段，面临新的问题，尤其是在精神领域。如同马克思所言：“问题就是时代的口号，是它表现自己精神状态的最实际的呼声”。马克思还指出：“一切划时代的体系的真正的内容都是由于产生这些体系的那个时期的需要而形成起来的”①。当今时代，政治多极化、经济全球化、文化多样化、社会信息化持续深入发展并反复交织在一起。在这样一种大背景下，各种社会思潮错综复杂，多样多变，各种文化交流碰撞，交锋融合。多变的社会思潮和多元的全球文化在中华大地上展开厮杀，引发思想领域涌现出一系列新问题，这些新问题既与外在的社会结构有关，也与内在的文化心理紧密相连。思想政治教育正是从内在文化心理的层面，来应对和解决社会问题的。因此，进入新时代，有必要在新时代的新思想中把握思想政治教育。这就亟待进行思想政治教育理论与实践创新研究。

一般意义上的思想政治教育，是指一定的阶级、政党、社会群体遵循人们思想品德形成发展规律，用一定思想观念、政治观点、道德规范，对其成员施加有目的、有计划、有组织的影响，使他们形成符合一定社会、一定阶级所需要的思想道德的社会实践活动。② 张耀灿教授从主客体互动关系的人学转换视角对思想政治教育进行了界定：“思想政治教育是一定的阶级、社会、组织、群体与其成员，通过多种方式开展思想、情感的交流互动，引导其成员吸收、认同一定社会的思想观念、政治观点、道德规范，促进其成员知、情、意、信、行均衡协调发展和思想道德自主建构的社会实践活动。”③ 思想政治教育是一个社会实践活动的过程，这一过程由四大要素构成，即主体、客体、介体、环体。

思想政治教育创新既包括思想政治教育理论的创新，也包括思想政

---

① 《马克思恩格斯全集》第3卷，北京：人民出版社2002年版，第514页。

② 张耀灿、郑永廷等：《现代思想政治教育学》，北京：人民出版社2006年版，第50页。

③ 张耀灿：《推进思想政治教育研究范式的人学转换》，载《思想教育研究》，2010年第7期。

治教育实践的创新。从理论上看，思想政治教育过程的四大构成要素都需要进行创新。思想政治教育主体原指思想政治教育的教育者，客体原指思想政治教育的受教育者。这样一种教育者与受教育者的主客体关系已不再适应现代思想政治教育发展。思想政治教育主客体关系已经发生重大改变。思想政治教育主体不再是教育者，而是由教育者和受教育者共同构成双主体。同时，思想政治教育客体也不再是受教育者，而是由教育者和受教育者互为客体。思想政治教育介体主要由教育目标、教育内容、教育任务、教育途径、教育载体和教育方法构成。这些介体内容也要随着思想政治教育实践的不断深入而进行创新性完善和发展。思想政治教育环体主要是指思想政治教育所处的环境。这里的环境不仅是指社会环境等硬环境，还包括氛围等软环境。这些也是需要进行不断创新的。

二、意识形态与思想政治教育的内在联系

2013 年 8 月 19 日，习近平总书记在全国宣传思想工作会议上强调“意识形态工作是党的一项极端重要的工作”。思想政治教育既是意识形态的基础，也具备意识形态功能，发挥着重大作用。马克思在《〈政治经济学批判〉序言》中指出：“人们在自己生活的社会生产中发生的一定的、必然的、不以他们的意志为转移的关系，即同他们的物质生产力的一定发展阶段相适合的生产关系。这些生产关系的总和构成社会的经济结构，即有法律的和政治的上层建筑竖立其上并有一定的社会意识形式与之相适应的现实基础。”① 意识形态是上层建筑的重要组成部分，是上层建筑中与政治上层建筑相对应的思想上层建筑。社会主义意识形态是社会主义的思想体系。在中国，思想政治教育学的研究对象即为在社会主义历史条件下，社会主义意识的形成、巩固及其发展规律。可见，

① 《马克思恩格斯文集》第 2 卷，北京：人民出版社 2009 年版，第 591 页。

思想政治教育与意识形态具有内在关联性。

社会主义意识形态不仅为思想政治教育规定了性质、目标和方向，而且为思想政治教育提供了理论基础。思想政治教育本身不仅因为在性质、目标和方向上受到社会主义意识形态的规定，从而使自己的存在和发展受制于社会主义意识形态的存在和发展，而且由于思想政治教育自身所特有的发展规律性，又能够促进社会主义意识形态诸形式的建设和发展。① 意识形态是上层建筑的重要组成部分，是与由一切社会关系的总和构成的经济基础相适应的观念存在。相应地，社会主义意识形态即是社会主义经济基础的反映，又为社会主义经济基础服务，这也是意识形态的本质所在。思想政治教育是研究人们的社会主义意识形成及其发展规律性的一门综合性学科。② 思想政治教育具有意识形态的功能，发挥引领社会思潮的作用，意识形态是思想政治教育内容的重要组成部分。根据思想政治教育的科学内涵，可以明确，在具体的马克思主义思想政治教育及其社会实践活动中，马克思主义思想政治教育是指马克思主义政党对人民大众进行的思想政治教育活动。任何一个政党的思想政治教育都是在特定的时代背景和历史条件下产生的。马克思主义思想政治教育是“无产阶级政党运用本阶级的思想体系教育与武装广大工农群众，使之自觉为实现自身利益而奋斗的一种教育实践、社会活动和意识形态工作。”③ 可见，思想政治教育与意识形态具有紧密的联系。当今时代，意识形态领域的斗争依然尖锐。从国外看，西方国家的“渗透”与“西化”从未停止，中国共产党意识形态话语权建设仍然是当前意识形态领域面临的重要问题。从国内看，随着社会主义主要矛盾的转化，不

① 陆庆壬编：《人的发展和社会发展——思想政治教育学基础理论研究》，上海：同济大学出版社 1994 年版，第 203 页。

② 陆庆壬编：《人的发展和社会发展——思想政治教育学基础理论研究》，上海：同济大学出版社 1994 年版，第 211 页。

③ 李征：《马克思恩格斯思想政治教育理论与实践研究》，北京：北京大学出版社 2011 年版，第 2 页。

同主体之间的矛盾在意识形态领域依然存在。这就需要通过发挥思想政治教育的意识形态功能，积极引领社会思潮，推进主流意识形态传播与认同教育。

三、培养社会主义事业的建设者和接班人

2016 年 12 月 7 日至 8 日，习近平总书记在全国高校思想政治工作会议上发表重要讲话。他强调，高校思想政治工作关系高校培养什么样的人、如何培养人以及为谁培养人这个根本问题。要坚持把立德树人作为中心环节，把思想政治工作贯穿教育教学全过程，实现全程育人、全方位育人，努力开创我国高等教育事业发展新局面。习近平总书记还指出，思想政治工作从根本上说是做人的工作，必须围绕学生、关照学生、服务学生，不断提高学生思想水平、政治觉悟、道德品质、文化素养，让学生成为德才兼备、全面发展的人才。2019 年 3 月 18 日，习近平总书记在学校思想政治理论课教师座谈会上发表重要讲话强调，办好思想政治理论课关键在教师，关键在发挥教师的积极性、主动性、创造性。他提出对教师的六点要求，即“政治要强、情怀要深、思维要新、视野要广、自律要严、人格要正”。他还强调，“推动思想政治理论课改革创新，要不断增强思政课的思想性、理论性和亲和力、针对性”，为思想政治教育指明了前进的方向与路径。

党的十七大首次把人才强国战略写入党章，随后，党的十八大、十八届四中全会、十八届五中全会、十八届六中全会以及十九大逐步强调深化和加强人才队伍建设。人才强国反复出现在人们的视野，足见党和国家对人才的重视。中国特色社会主义进入新时代，新时代承接过去，指引未来，新时代处在连接过去和未来的节点上。新时代是我们历经“站起来”和“富起来”之后进入的时代，是“强起来”的时代。进入“强起来”的时代，人才强国是关键。人才是社会主义事业的建设者和接班人。思想政治教育肩负培养社会主义事业的建设

者和接班人的历史重任。人才培养要遵循人才培养的规律，首重立德树人，坚持厚德育人规律。新时代的人才应当是“德才兼备”“全面发展”。

目　录

第一篇　思想政治教育论

优秀传统文化中的“师德观”及其时代价值与创新发展 ………………… 3
新时代加强党员干部意识形态教育研究 ……………………………… 15
大学生思想政治教育以人为本理念的思考 …………………………… 24
诚信传统美德及其现代价值探论 ……………………………………… 36
论解放思想对全面深化改革的推动作用 ……………………………… 43
新时代大学思政教育的路径研究 ……………………………………… 53
关于培育和践行社会主义核心价值观的四个基本问题 ……………… 62
五四精神及其对当代青年思想政治教育价值研究 …………………… 72
中国传统文化与思想政治教育 ………………………………………… 79

第二篇　思想政治教学研究

大班授课条件下的课堂组织模式问题研究 ………………………… 103

高校学生党建工作进书院社区的路径探析 …………………………… 110
高校思想政治教学的几点思考 …………………………………………… 120
地方本科院校工科大学生创新教育模式探索
——以潍坊学院信息与控制工程学院为例 …………………………… 130
高校院系教工党员联系学生班级制度的实践与研究
——以潍坊学院物理与光电工程学院为例 …………………………… 138
基于行为技巧的高校思想政治教育教学 ……………………………… 149
利用新媒体加强大学生思想政治教育 ………………………………… 159
“一专多能”乡村教师培养的理论思考与实践反思 ………………… 166
“第二课堂”项目活动供给侧结构性改革的探索与实践
——以潍坊学院为例 ……………………………………………………… 176
高校思想政治理论课“探究式”教学模式面临的问题及对策 ……… 184
新媒体的快速发展与广泛应用对潍坊市大学生党建工作带来的
挑战与机遇 ……………………………………………………………… 191

第三篇　思想政治工作研究

浅析新时代高校辅导员的使命与担当 ………………………………… 201
高校辅导员视角下的“抓学风”
——基于潍坊学院化学化工与环境工程学院学风建设工作的
实践与思考 ………………………………………………………… 209
微信环境下辅导员工作创新研究 ……………………………………… 217
论在五大理念指导下辅导员如何运用 QQ 群创新性开展工作
——基于对 W 学院“叫醒梦想青春群”的调研 ……………………… 226

后　记 ……………………………………………………………………… 238

第一篇

思想政治教育论

优秀传统文化中的“师德观”及其时代价值与创新发展

国无德不兴，人无德不立。作为具有“人类灵魂工程师”盛誉的人民教师，如果师德出现了问题，就不仅仅是个人“立”与“不立”的问题，而是关系到国家富强、民族振兴的大事情。因为，今天的学生就是未来实现中华民族伟大复兴中国梦的主力军，广大教师就是打造这支中华民族“梦之队”的筑梦人。汲取优秀传统文化中的养分，适应新时代的要求，是当前和今后一段时期高校师德建设重中之重的任务。

一、优秀传统文化中的“师德观”

中国传统文化（也称中国文化或中华文化），是指中华民族数千年发展过程中创造的、不断发展的、打上自身烙印的文化，包括物质文化、制度文化和思想文化等层面的文化。其中，思想文化是中国文化的核心，反映着中国文化最为本质的特征。本文中的中国优秀传统文化，特指在中华民族长期发展过程中形成的、有着积极的历史作用、至今仍具有重要价值的思想文化。① 优秀传统文化中关于“师德观”的阐述是其重要组成部分，其内容非常丰富。本文从三个方面加以阐述。

① 李宗桂：《试论中国优秀传统文化的内涵》，载《学术研究》，2013 年第 11 期。

（一）对待本职工作：“得天下英才而教育之”、“诲人不倦”的乐业敬业观

中国优秀传统文化对师德的阐述，多是从教师本职工作出发，从乐业观、敬业观、育人观、治学观、师范观和教学艺术观等方面，提出了具体要求和做法。

1. “得天下英才而教育之”的乐业观

被尊为“万世师表”的孔子是热爱教育事业的典范，他“发奋忘食，乐以忘忧，不知老之将至”①，一生招收弟子三千，贤者七十二人。孟子“……得天下英才而教育之，三乐也”，充分体现了孟子对所从事的职业无比热爱。此外，荀子、韩愈、朱熹、王阳明等名儒大师，都是传统师德观中乐业的典范。②

2. “育人至上”、“诲人不倦”的敬业观

传统师德把“育人至上”作为师德教育的核心内容。孔子一直把道德修养和道德教化作为教育的第一要义，并对自己提出了“学而不厌，诲人不倦”（《论语·述而》）的要求；教育家韩愈、朱熹等也一生酷爱教育，达到了“一日不讲学，则惕然常以为忧”的境界。可见，教师除了要有学识的渊博，更重要的是具有“育人至上”“诲人不倦”的敬业观，这种对学问孜孜以求、对教育一往情深、对学生至亲至爱的态度，是为师者最基本的职业素养。

3. “有教无类”、“因材施教”的育人观

传统师德对教育公平的理解包含两层意思。一是对群体来讲，强调教育的普遍性和平民化。如孔子提出：“自行束修以上，吾未尝无诲焉”，只要是诚信求学者，都不会因贫贱尊卑差异视之，这就是孔子

---

① 陈杰峰：《试论中华传统师德的继承与当代师德的创新》，载《思想政治教育研究》，2008 年第 4 期。

② 参见卢洪德、陈漠开：《中华传统师德》，沈阳：辽宁人民出版社 1996 年版。

“有教无类”的教育思想。另一方面，对个体来讲，主张尊重学生的个性，注重因材施教。《论语》记载了孔子对弟子的评价，如“柴也愚，参也鲁，师也辟，由也彦”，孟子也认为“人皆可以成为尧舜”（《孟子·告知下》）。孔子、孟子以及教育先贤们倡导教育公平、因材施教的思想和理念，对于当今教育的均衡发展、实现教育的真正公平具有重要的启迪和借鉴意义。

4. “知之为知之，不知为不知”的治学观

《论语·述而》中“知之为知之，不知为不知”、“敏而好学，不耻下问”等名言警句，体现了传统师德中严谨笃学的精神和求真求是的治学态度。《礼记·大学》中把“格物致知”作为儒家先师为实现修身、齐家、治国、平天下人生抱负的起始阶段，既包含着归纳、演绎、推理等严谨的科学方法，更能体现出为师者必备的批判、质疑、实证等朴素的科学理念和精神。[①] 这些论述所表达出的严谨的治学态度和追求真理的科学精神，对于当代高校教师如何树立学术良知、恪守学术规范具有重要的指导意义。

5. “其身正，不令而行；其身不正，虽令不从”的师范观

传统师德十分重视教师的楷模作用，强调为人师表，以身作则，身教重于言教。《北齐书·王昕书》中“杨愔重其德业，以为人之师表”，最早提出了为人师表的理念。孔子的“其身正，不令而行；其身不正，虽令不从”（《论语·子路》）、墨子的“以身戴行”（《墨子·修身》）、孟子的“教者必以正”（《孟子·离娄》）、荀子的“夫师，以身为正仪而贵自安者也”（《荀子·修身篇》）等，都诠释了为人师表的深刻内涵。教师用自己的行动来感化、引领学生，这种教育“随风潜入夜，润物细无声”，使学生在潜移默化中受到教育。

---

① 王欣瑜、刘文霞：《儒家传统师德视阈下的高校师德建设》，载《内蒙古师范大学学报》，2012年第3期。

6. “学然后知不足，教然后知困”教学艺术观

传统师德把学识渊博、功底扎实作为对教师执教能力的基本要求，并积累了丰富的教育教学智慧——“教育机智”。如《礼记·学记》中“学然后知不足，教然后知困。知不足，然后能自反也；知困，然后能自强也”，所揭示的教学相长的教学原则。《论语·述而》中“不愤不启，不悱不发”，所揭示的启发式教学原则。孟子在《孟子·公孙丑上》提出“必有事焉而勿正，心勿忘，勿助长也”，所揭示的循序渐进的教学原则。这些在教育机智上体现了尊重个性差异、尊重教育教学规律的思想，已经达到了教学艺术的境界，值得我们学习和借鉴。

（二）对待本人：“修身、齐家、治国、平天下”的修为观

传统师德中对教师本人的要求，特别注重“修身”，倡导道德自律、理想人格养成和追求士大夫精神相统一的修为观。

1. “吾日三省吾身”的道德自律观

儒家认为，人的道德是依靠自我约束、自我意志完成的，即“自律”。孔子提出的“吾日三省乎吾身”（《论语·学而》）“见贤思齐焉，见不贤而自省也”（《论语·里仁》），以及孟子提出的“反求诸己”（《孟子·离娄上》）、“慎独”（《礼记》）等观点，都说明了这一点。同时还倡导“改过迁善，自美其身”、“知耻近乎勇”（《礼记·中用》）、“过则勿惮改”（《论语·述而》）等观点。传统师德提倡通过道德实践、依靠自律不断提升自己修养境界的做法，为当代师德建设提供了重要借鉴。

2. “心善渊”“与善仁”“言善信”的善恶观

教师“修身”另一方面的内容是完美人格——上善人格的养成。上善人格是老子一生的孜孜追求，《道德经》详细阐述了上善人格的道德内涵：“上善若水，水善利万物而不争，处众人之恶，故几于道。居善

地，心善渊，与善仁，言善信，正善治，是善能，动善时。”其中，“心善渊”是说水总能随遇而安，保持宁静；“与善仁”是说水乃万物之源，万物皆受恩于水，而水施恩不图报；“言善信”是说水是言而有信之物。[①] 上善人格的养成对于教师甘愿寂寞、甘为人梯、爱人爱己、自强不息等精神的培养具有重要的价值和意义。

3. “三军可夺帅，匹夫不可夺志”的士大夫精神

传统师德注重文人士大夫精神的培育和追求。《论语》中指出：“士志于道”、“士不可以不弘毅，任重而道远”、“三军可夺帅也，匹夫不可夺志也”，孟子提出的“浩然正气”（《孟子·公孙丑上》），《晋书·陶潜传》提出的“吾不能为五斗米折腰”等，都是传统师德对文人追求士大夫精神的论述。孟子还指出，为了培育和养成这样的士大夫精神，要做到“富贵不能淫，贫贱不能移，威武不能屈”（《孟子·滕文公下》）。古代文人先贤对士大夫精神的追求，对于今天教师理想、信念教育将具有启发意义和榜样作用。

（三）对待学生：“亦师亦友”的学生观

传统师德认为，良好的师生关系主要体现在“情同父子”和“亦师亦友”两个方面。首先，传统文化中教师的地位仅次于“天地君亲”，要求教师要像父母对待自己的孩子一样对待学生，履行“教不严，师之惰”、“一日为师，终身为父”的职责。其次，教师还应该成为学生真诚的朋友，从内心真正的信任、鼓励学生，引导他们真正做到“青出于蓝而胜于蓝 ”。“后生可畏，焉知来者之不如近也”、“师不必不如弟子，弟子不必不如师”等名言，都强调了教师对学生的无比信任和积极鼓励。良好师生关系的建立，才能使学生实现“亲其师，信其道”。

---

① 王政：《论老子上善人格思想与师德建设》，载《现代教育论丛》，2009 年第 9 期。

二、传统“师德观”的时代价值及对现实的适应与超越

习近平总书记指出：“对传统文化中适合于调理社会关系和鼓励人们向上向善的内容，我们要结合时代条件加以继承和发扬，赋予其新的涵义。”[①] 当前，在多元文化、市场经济和信息社会背景条件下，如何挖掘传统“师德观”的时代价值，实现传统师德观对现实的适应和超越，是我们必须做出回答的问题。

（一）多元文化背景下传统师德观的适应与现实的超越

随着我国改革开放的不断深入，社会思想文化显现多元化；当代大学生的世界观、人生观和价值观在多元文化背景影响下也有了新的特点。这给新时期高校师德建设产生了新的影响，也提出了新的要求。这些影响主要体现在价值结构的“叠加”、价值格局的多元、价值选择的“功利性”、价值判断的多元化等方面。[②]

多元文化对高校师德建设既带来了机遇，也提出了挑战。

一方面，多元文化拓宽了高校师德建设的空间、丰富了师德建设的内容。高校教师乐于探索，追求创新，多元文化可以提高他们的社会认识水平和对各种不良道德现象的辨别能力，丰富他们的精神世界和文化生活；同时，各种文化相互对话、交互并存，一定意义上成为高校师德建设取之不尽用之不竭的知识资源宝库，丰富了高校师德建设的内容。

另一方面，多元文化也给高校师德建设带来了冲击和挑战。从师德建设的核心内容看，多元文化背景下每一种文化都有着深厚的产生根源

---

① 在纪念孔子诞辰2565周年国际学术研讨会上的讲话，http：/www. gov. cn 2014 －09 －24 16：49.

② 霍军亮：《多元文化视域下高校青年教师师德建设研究》，载《湖北社会科学》，2014年第7期。

和长远的目标宗旨，国家的意识形态和主流文化正在被某些文化形态通过娱乐化、商业化、去意识形态化的文化理念来淡化、混淆甚至否定，进而干扰和影响人们的理想信念、政治立场和价值追求。[①] 对此，我们不仅应该有清醒的认识，更应该采取有效措施加以应对。

首先，要坚持弘扬和继承中国优秀传统师德文化。坚持和秉承优秀师德文化在对待国家、民族、对待本职工作、对待教师本人以及学生等方面的理念和方法，以优秀传统师德文化为载体，树立师德模范的形象。

其次，要根据时代特点不断优化师德建设的内容。第一，结合当代培养合格社会主义建设者和接班人的要求，坚定不移地将习近平新时代中国特色社会主义理论和社会主义核心价值观教育贯穿到师德教育的全过程。第二，师德教育内容要贴近教师生活实际和思想实际，切实解决他们生活和思想中的困难。第三，要适应不同文化交流、碰撞和融合的需要，主动将价值教育、人性教育、生命教育、义利教育等一些具有多元文化色彩的教育内容纳入到师德建设的内容，自觉维护社会主义文化的主阵地。

（二）市场经济条件下传统师德观的适应与现实的超越

当前，中国特色社会主义市场经济体制已经确立并逐步走向完善。随着经济全球化的发展，市场经济对高校师德建设既有积极的正面影响，也有消极的负面影响。

从积极方面看，市场经济为师德教育注入了强大的动力。主要表现在市场经济的竞争观念强化了教师改革、创新的意识，价值规律原则强化了教师的效益观念和时间观念，等价交换原则强化了教师的平等、公平意识等方面。从消极方面看，对传统师德观带来了极大的冲击，主要

① 霍军亮：《多元文化视域下高校青年教师师德建设研究》，载《湖北社会科学》，2014年第7期。

表现在金钱至上的“拜金主义”盛行，唯我独尊的“个人主义”猖獗，无利不干的“实用主义”风靡等。①

为此，高校师德建设既要弘扬传统文化中的优秀师德观，又要不断补充、拓展、完善，不断赋予新的时代内涵，以适应市场经济的要求。其一，在师德建设中，既要体现集体主义道德原则和以学生为本的道德核心，又要充分体现竞争意识、民主意识、创新意识、自主意识等与市场经济相适应的意识。其二，高校必须面向市场经济对人才的要求开展教育教学活动，主动与社会主义市场经济接轨。其三，高校师德必须面对市场经济的现实，努力做到知情行意相统一，达到传统文化中的优秀师德观和市场经济对师德的新要求完美结合。

（三）信息化社会条件下传统师德观的适应与现实的超越

目前，我国已经全面进入了信息化时代。信息化犹如一把双刃剑，既为人的发展提供了良好条件，又为人的发展设置了种种障碍。新时期师德建设也同样受到信息化的影响。

信息化时代背景下的师德建设，呈现出师德的内涵更加丰富、影响更加广泛、影响因素更加多元、监管难度更大等特点。② 对信息化时代师德的特征，新时期高校师德建设首先应该从中国优秀传统“师德观”中汲取营养，“打铁还需自身硬”，不断提高个人的政治思想道德素质，最大限度地减少信息化时代对师德建设的影响。其次，教师本人应该主动学习互联网知识，掌握互联网科技，遵循信息化时代的规律和特点，最大限度地发挥好信息化时代给我们带来的便利，更好地应对它的负面影响给教育教学工作带给的冲击和挑战。再次，政府、社会和学校要齐抓共管，加强对信息化时代师德建设的监管。

---

① 郑晓、曹玉英：《市场经济与师德教育》，载《广州大学学报》，2007 年第 3 期。
② 杨晓：《信息化时代背景下的师德建设》，华中师范大学硕士论文，2015 年。

三、新时代“师德观”的创新发展

习近平总书记提出，要做党和人民满意的“有理想信念、有道德情操、有扎实学识、有仁爱之心”① 的好老师，为新时代师德建设提出了目标和方向。结合优秀传统文化中的“师德观”和新时代对师德建设的要求，笔者认为新时代的师德建设应从以下六个方面有所创新发展。

（一）忠党爱国的使命意识与个人崇高理想追求相结合

传统师德中不乏既有鼓励对个人崇高理想的追求，又有对国家和民族献身的倡导，但是在古代社会历史条件下，二者却很难实现统一。

习近平总书记指出：“历史和人民选择了中国共产党”，因为它代表最广大人民群众的利益。② 作为高校教师，应该拥护、忠诚于中国共产党的领导，始终同中国共产党和人民站在一起，自觉做共产主义远大理想和中国特色社会主义共同理想的坚定信仰者和忠实实践者，将个人对崇高理想的追求、自我价值的实现，融入到实现中国特色社会主义共同理想和中华民族伟大复兴的中国梦当中。③

（二）爱岗敬业与依法治教相结合

传统师德中的乐业敬业精神依然是新时代高校教师学习和身体力行的。但是，经济全球化、文化多元化以及信息化社会条件下，仅仅依靠道德自律和德治是远远不够的，必须德治和法治相结合。

当前，我国已经进入全面推进依法治国时代。高校和教师都应该提

① 习近平同北京师范大学师生代表座谈时的讲话，http://www.chinanews.com/gn/2014/09－10/6575002_2.shtml.

② 在庆祝中国共产党成立95周年大会上的讲话，http://news.xinhuanet.com/politics/2016－07/01/c_1119150660.htm.

③ 习近平同北京师范大学师生代表座谈时的讲话，http://politics.people.com.cn/n/2014/0910/c70731－25629093－2.html.

高认识，转变观念，在教育教学管理过程中，学会运用法治思维、辩证思维、底线思维思考和解决问题，做到于法有据，依法保护高校、教师和学生的合法权益，同违法行为坚决做斗争，做学法、懂法、守法、用法的表率和模范。同时，要加强师德长效机制建设，如完善优化教师选拔制度，建立校内师德考评、激励机制和校内外监督和惩戒机制等。

（三）严教善管与爱护学生、服务学生相结合

传统师德中虽然提倡平等、和谐的师生关系。但是，在实际教育教学活动中，主张师道尊严教育理念，对学生的教育“严格有余、尊重不足”，采用强迫、灌输的教学方式现象仍普遍存在；更谈不上取得学生家长的信任和支持，发挥教育的合力。

新的时代已经进入了“互联网+”时代，教师和学生在教学过程中的地位和角色，教师的教学方式和学生的学习方式都发生了根本性的改变。高校教师应尽快实现从关注“教”到关注“导”和“学”的转变，做学生学习、思想和生活的引导者、陪伴者；增强服务意识和观念，为每一位学生的成长成才提供全方位的支持、帮助和服务。

此外，新时代我国的家长对孩子的关注和期望也达到了历史极高的水平。如何发挥好学校教育、家庭教育和社会教育三种社会形态对孩子成长的影响，使其成为合力，是教育成功的重要条件和保证。教师应理解家长，尊重家长，引导家长，虚心向家长学习，认真听取他们的意见、建议，密切学校与家庭的沟通和交流，以取得教育的最大成效。

（四）文化传承与开拓创新相结合

中华优秀传统文化，对延续和发展中华文明、促进人类文明进步，发挥着重要作用。高校教师应该率先垂范，做文化传承和开拓创新的楷模。

首先，把握传统文化和“优秀传统文化”的本质区别，从核心思想

理念、中华传统美德、中华人文精神等方面，对传统文化进行梳理，萃取精华，提炼符合当今新时代的思想观点，作出符合新时代要求的阐释。①

其次，要处理好继承弘扬与转化创新的关系。要针对新时代的特点和要求，赋予优秀传统文化新的时代内涵和现代表达形式，激活其生命力。要按照新时代、新思想、新阶段、新目标的要求，对优秀传统文化的内涵加以充实、拓展、完善，增强其影响力和感召力。同时，还必须在不同文明的对话、交流、互鉴中，汲取各种文明养分丰富和发展中华文化。

（五）个人努力与团队协作相结合

传统师德强调个人自省、自律、自强不息，不太注重团队建设和团队协作。新的时期，一个人单枪匹马、单打独斗的时代已经一去不复返，加强团队建设、学会团队合作是事业走向成功的必要条件。

从学生本人成长来看，其成长和发展往往不是一个或几个老师能够完成的，而是多个阶段、多个学科的老师共同努力的结果。教师要有全局意识和长远观念，在实际工作中发扬团结协作的精神，运用“扬长补短”的策略，形成合力，为学生成长和成才打下坚实的基础。

从社会发展来看，一项工作的实施和运行往往涉及多个学科和领域，跨学科发展和学科渗透融合发展已经成为社会事业发展的主旋律。教师要去除个人偏见、打破学科壁垒，善于团结，精于合作，做团队建设和团队合作的表率和模范。

（六）岗位学习与终身学习相结合

传统师德中比较注重教师的专业学习和岗位学习，这样的思想和理

---

① 关于实施中华优秀传统文化传承发展工程的意见，http：//www.gov.cn/zhengce/2017－01/25/content_5163472.htm.

念已经不适应新时代建设学习型社会终身学习的要求。

从法国保罗·郎格朗提出终身教育的理论，到联合国教科文组织发表的《学会生存》报告，建设学习型社会、倡导终身学习理念已经深入人心。适应信息化、社会多元化对人的个性发展要求，使学校教育、社会教育和家庭教育三者平衡发展，成为新时代建设学习型社会的重要任务。[①] 高校教师要自觉践行终身学习理念，成为建设学习型社会的典范。

百年大计，教育为本；教育大计，教师为本；教师大计，师德为本。广大高校教师应该具有“只争朝夕、时不待我”的使命意识和高度的责任感，发扬“踏雪有印、抓铁留痕”的实干和担当精神，按照习近平总书记提出的“四有”好老师标准，自觉增强立德树人、教书育人的荣誉感和责任感，做学生健康成长的指导者和引路人，为发展具有中国特色、世界水平的现代教育作出贡献，为实现中华民族伟大复兴的中国梦增光添彩！

（作者简介：孙文亮，男，潍坊学院党委书记，教授）

① 参见魏晨明：《社区教育概论》，青岛：青岛出版社2009年版。

新时代加强党员干部意识形态教育研究*

党的十九大报告指出，中国特色社会主义进入了新时代，必须“牢牢掌握意识形态工作的领导权”，“推进马克思主义中国化、时代化、大众化，建设具有强大凝聚力和引领力的社会主义意识形态”。做好党员干部意识形态教育工作具有全局性、战略性和根本性意义。因此，要加强党员干部马克思主义意识形态教育，使其更加坚定理想信念。

一、加强党员干部意识形态教育的意义

我们党和国家在千疮百孔的基础上进行社会主义建设并取得了今天的伟大成绩，完全是因为始终坚持以马克思列宁主义、毛泽东思想为指导，结合我国实际，创造性地将马克思主义运用到社会实践中去的结果。习近平总书记强调，应该要让社会主义核心价值观的影响像空气一样无所不在、无时不有，和“空气”一样，充分体现意识形态的价值和力量。

* 基金项目：本文系山东省社会科学规划研究项目《优良家风融入干部政德教育的路径研究》（项目编号 18CZDJ33）阶段研究成果。

（一）巩固我们党的执政能力

目前，我国社会主义改革进入深水区、攻坚阶段，我们更要学习和掌握社会基本矛盾分析方法，深刻领悟、体认和理解全面深化改革的重要性和迫切性，用马克思主义科学的观点和方法论正确处理好生产力与生产关系、经济基础与上层建筑的矛盾运动，把社会基本矛盾作为一个整体才能有效把握整个社会的发展方向。

执政问题是关乎我们党生死存亡的大事。马克思主义为我们党能站得高、行的远、走的稳提供了科学的世界观和方法论。习近平总书记指出，在一个13亿人口的大国执政，面对国内外纷繁复杂的环境，肩负着繁重的执政使命，若缺乏科学的理论支持，欠缺理论思维以指导实践，是难以克服和战胜各种困难险阻的，更无法进行社会主义改革和建设。党的各级领导干部，尤其是高级干部，要原原本本研读马克思主义的经典著作，把马克思主义哲学作为自己的看家本领，提高战略思维能力，综合决策能力，驾驭全局能力。通过系统掌握马克思主义基本理论，深化对执政规律的认识，夯实党执政的政治基础，物质基础和精神基础，让党和国家的基业坚如磐石。

（二）巩固党与群众的关系

我们党坚持以马克思主义为指导，树立以人为本执政为民的理念，站在道义的制高点，把人民群众紧紧团结在党的周围，逐步实现预设的目标。随着改革开放的深入和市场经济的发展，在各种因素影响下，一些领导干部背离了马克思主义，诸如对群众的感情淡漠、意识淡化、立场缺失、损害人民群众的利益，隔断了党和人民群众的血肉联系。但我们党能够担当历史使命，始终坚持群众路线的方针政策，惩治贪污腐败的力度、广度、深度，受到广大人民的赞许。以习近平总书记为首的共产党人采取“老虎苍蝇一起打”、“要踏石留印，抓铁留痕”，这一工作作风的气度、气派深得人心，深得全国人民的拥护。共产党人不仅领导全国各族人民共同走上富裕道路，而且也坚决清除这一道路上的任何障碍，这一举措坚定了人民群众在党的领导下进行全面深化改革的决心、勇气和必胜的信念。

（三）发展党的创新思维

创新永无止境，马克思主义不是一成不变的，是在不断丰富发展的。马克思主义是与时俱进的科学理论，揭示人类社会的发展规律。我们党始终坚持将马克思主义与中国实际相结合进行理论创新，才实现了马克思主义中国化的两次伟大历史飞跃。在这两大理论体系指导下，我国的革命、建设和改革事业才能沿着正确的方向和道路前进。随着社会的发展和改革深入，勇于变革和创新，不断丰富中国特色社会主义理论体系，有效拓展中国特色社会主义道路，完善中国特色社会主义制度，使我们党永葆活力和发展。历史证明，思想上的过“左”或过“右”都会引起局面的混乱和社会动荡。实事求是，理论联系实际，一切从实际出发，是我们一贯坚持的工作作风。随着时代的变革，实际情况也在不断变化，理论就应随着时代的变化而丰富和发展。这样，才能使我们党的思想理论、路线不脱离实际，而更好的提升驾驭全局的能力。

二、党员干部意识形态教育面临的挑战

（一）马克思主义意识形态指导地位需要巩固

在我国，有的党员甚至干部不再把马克思主义作为有力的理论武器，这种思想仍然影响着部分党员干部。有的领导干部不再用马克思主义科学的世界观、方法论规范自己的思想行为和社会实践，加之由于经济全球化进程带来西方资本主义思潮的影响，有的党员对马克思主义的信任度降低。加强党员干部对马克思主义思想的学习和体认势在必行。

部分党员干部背离了广大人民群众的根本利益，导致不能用科学的世界观和方法论，本着实事求是的原则来指导实践，造成理论和现实严重脱节。

部分党员干部牟取私利、贪污腐败的原因包括：首先，认为马列主义已过时，不信马列信鬼神，对社会主义及共产党的执政缺乏信心；其次，认为腐败是种能力，是权力、地位自我彰显的象征。因而通过权力带来的满足成了部分党员滥用、乱用权力的价值追求；再者，舆论环境等都干扰着党员干部的理想信念、价值取向及人生追求。因此，必须用马克思主义、用社会主义核心价值观思想武装党员干部，以抵制各种不良风气和非马克思主义思想的侵扰。

（二）马克思主义在政治、经济、文化意识形态中的作用有待提升

1. 要解释一些现实问题需要进一步发展马克思主义经济学

当前一些现实问题有待解释，例如：为什么资本主义国家并没有像马克思主义经济学预言的那样“正在走向死亡”等。另外，市场主体的多元化导致思想意识的多样化，市场经济追逐利益的最大化导致理想信念的不断淡化，等等。面对这些现实问题，我们需要进一步发展马克思主义经济学，提升主流意识形态话语权。

2. 马克思主义政治意识形态需要制度保障力

要在制度上保障公民政治参与渠道、参与层次等，进一步提升主流意识形态在群众中的信任度。重视民意的表达、民众的监督。如果制度保障不足，将削弱马克思主义理论教育的功能和价值，产生信任危机。

3. 马克思主义文化意识形态需要强化

当下，新自由主义思潮、全球蔓延的民主化思潮、消费主义思潮、意识形态终结论思想等西方文化的渗透冲击着马克思主义意识形态的主导地位。另外，多元的文化取向对马克思主义的引领地位

也提出了挑战。

（三）马克思主义理论的创新需要加强

当前马克思主义理论创新存在不足，首先是对理论本身没有进行深入的领会和研究，其次缺少科学的研究方法。理论创新的滞后也导致主流意识形态建设的手段和措施的滞后。传统的方法由于在内容、形式、思路等方面存在滞后性，其效果在不断减弱退。在思想政治工作方面，由于无法提出人们关系的热点、疑难问题的有效解释和论证，及缺少树立理想信念的有效措施等，导致思想政治教育工作不能完全适应形势发展的需要。西方国家的渗透手段不断翻新，而我们缺乏应对这种新手段的必要方式。最后，主流意识形态宣传形式和途径单一，另外马克思主义工作者队伍力量薄弱、物力投入不足等，也削弱了马克思主义在意识形态领域的指导地位。

三、加强党员干部意识形态教育的途径

（一）进一步加强社会主体重要性的认识

当下，应清醒地认识到市场经济引发的功利主义对社会主体的生存状态产生较大的影响；世界多极化和经济全球化的深入发展使人们感受到多元文化、文明的碰撞；在信息“大爆炸”时代，海量信息影响着社会公众的精神状态和鉴别能力。因此，针对社会主体——人民群众的理论教育和思想领域的引导以提高其鉴别力、防范能力显得尤为重要。我们党历来重视人民群众改造自然、推动历史的重要性，历来重视党与人民群众的鱼水关系，历来强调人的自由全面的发展。进入 21 世纪，我们党提出“以人为本”的新型执政理念，这一理念绝不同于封建专制下的人本思想，也迥异于抽象、思维的资产阶级人道主义，它是对马克思科学人道主义思想的坚持和创新，是真正实现人、自然、社会的和谐发

展，是真正实现每个人与一切人自由全面发展的有机统一。

（二）加强对人类社会发展及共产党执政规律的认识

首先，对人类社会发展规律，我们必须有新的认识和探索。资本主义制度虽然没有像马克思预见的那样在不久的将来必定被社会主义代替，但也不能因为资本主义社会目前呈现出来的一些繁荣现象而否定马克主义的科学论断。资本主义被社会主义取代需要一个漫长而曲折的过程，正如马克思所言："无论哪一个社会形态，在它所能容纳的全部生产力发挥出来以前，是绝不会灭亡的；而新的更高的生产关系，在它的物质存在条件在旧社会的胎胞里成熟以前，是绝不会出现的。"[①] 资本主义至今未走向灭亡，证明生产力还有一定活力，但其终究会被更高级的社会形态所取代是历史总趋势，不可逆转。在此基础上要科学地认识社会主义发展的历史进程。目前，资本主义生产关系的内部矛盾不断暴露出来，虽然也在进行不断的调整，但却无法优化制度本身的落后性和局限性。而社会主义制度首先在经济落后国家产生，但经过不断的发展和创新，在社会制度方面取得了巨大进步，促进解放了社会生产力，在迫使资本主义进行自我调整的基础上有效遏制了帝国主义的战争势力，逐步改变了世界格局和取得了话语权。社会主义制度的诞生是人类历史发展的必然结果，目前社会主义国家在某些方面，由于在历史上被资本主义国家掠夺、侵略、殖民等原因还落后于资本主义国家，但作为比资本主义制度更高等的社会制度要更具优越性、先进性和科学性，终究在将来社会主义国家会超越资本主义国家的发展，而且社会主义制度必将代替资本主义制度。

我国的社会主义建设取得了举世瞩目的成绩，正是由于开辟了中国特色社会主义道路，形成了中国特色社会主义理论体系。在这一发展中

---

① 《马克思恩格斯选集》第2卷，北京：人民出版社1995年版。

起决定作用的是我们党始终以马克思、列宁主义、毛泽东思想及具有中国特色的社会主义理论体系武装党、建设党、改善党的领导。我们坚信，在马克思主义政党的领导下，在马克思主义主流意识形态的引领下，在“以人为本”理念的指导下，我们会克服在社会发展中遇到的困难和挫折，也必将走向人类社会的最高级阶段。

（三）加强对传播途径的创新

有效的传播载体和与时俱进的传播途径是加强马克思主义主流意识形态的重中之重。当今社会处于“信息大爆炸”时代，信息量增大，传播渠道增多，传播载体增加，舆论活动空间增大。对马克思主义主流意识形态传播来讲，信息时代既带来了机遇又带来了挑战。作为“第四媒介”的互联网比传统媒体更具开放性、交互性，信息流通量更大，时空受限性更弱，更重要的是网络兼具传统媒体的功能，吸引力更大，影响力更强。有鉴于此，互联网时代对世界文明的吸收和改造提供了条件和可能。但互联网是把双刃剑，在提供机遇的同时也带了挑战。具有双向、互动特点的网络传播严重冲击着传统的意识形态传播手段，改变了主流信息传播者向接受者传播的方式。在网络传播中，人们兼具传播者、接受者双重身份。而且，网络传播的匿名性、突发性、互动性严重影响传统媒体的传播途径，这一变化导致思潮、观念的多元化，削弱了主流意识形态的主导地位。

因此，首先必须强化主流意识形态的传播意识，增强宣传性、互动性，使群众对抽象的思想理论达到真懂、真信、内化于心，将其转化为自身的行为准则。正确的理论引导，离不开信息的及时公开，以体现对民众知情权、参与权的充分尊重，及与非主流意识形态的信息传播争夺话语的主动权、解释权，以正确地引领舆论导向。

其次，通过创新传统媒体与加强建设主流媒体相结合，建立开放型、民众参与型、双向互动型传播体制，以提高主流意识形态传播的有效性、时效性。同时，还要不断创新马克思主义主流意识形态的传播话语系统，以实现马克思主义的中国化、时代化、大众化，并与国际接轨，在全球范围内宣传中国特色社会主义理论的实践。我们必须顺应时代、与时俱进、实事求是，提高人民群众分析新矛盾、解决新问题、解释新规律的能力，不断丰富和发展马克思主义，切实做到马克思主义话语的时代化。我们还必须采用通俗的形式表达马克思主义理论，实现语言上的大众化，并以喜闻乐见和易于接受的形式宣传、灌输给大众，使大众接受、理解和内化，通过马克思主义话语的大众化推动马克思主义的大众化。最后，互联网已使意识形态的传播没有了国界之分，应学会用国际化的语言来宣传马克思主义，学会与西方学者和民众对话以对其发展取其精华、去其糟粕，以达到在全球内的各种观念冲击下，提高我国民众的鉴别力和抵制力。

再次，为增强马克思主义传播的时效性，必须创新传播方式。第一，要采取贴近生活、贴近实际、贴近民众的方式，最大限度的凝聚力量、达成共识，有效地进行马克思主义传播。第二，要想增强传播有效性，必须增强传播的互动性。只有这样传播主体和受众主体才能够互动，才能交流，才能达到灌输的实效性。第三，传播应本着带有问题意识、关注民众现实利益和生活意义的理念，有针对性地向民众传播马克思主义以达到事半功倍的效果。最后，应本着不同的教育内容和教育对象的原则，分层次地向公众传播马克思主义，以使不同年龄、处于不同地域，具备不同文化背景的群众接受不同层次的教育内容，更好地推动马克思主义在群众中的传播。

（四）加强理论队伍建设

首先，我们党历来重视党员领导干部的意识形态建设。毛泽东曾提出："政治路线确定以后，干部就是决定因素。"[①] 领导干部是马克思主

① 《毛泽东选集》第2卷，北京：人民出版社1991年版。

义意识形态的宣传者和践行者，通过提高干部队伍的综合素质和能力、科学公正的动态培养模式及发挥高校的培养教育作用，以建设一支政治坚定、业务过硬、忠于党和人民的高素质领导干部队伍，坚决捍卫马克思主义在意识形态领域的领导地位。

其次，我们党历来重视意识形态理论队伍建设。毛泽东提出："各省、市、自治区要有自己的马克思主义理论家……"① 在培养马克思主义理论工作者的建设中，着重培养青年马克思主义者。因为青年一代是我们党和国家的建设者和接班人，要进行马克思主义理论教育，以此来选拔优秀年轻干部和理论工作者，使队伍的年龄结构得到优化。把优秀人才聚集到马克思理论队伍中来，才能使马克思主义的主流意识形态充满活力和稳固前进。

最后，要重视对社会精英的马克思主义传播。随着经济全球化、政治多极化、信息网络化时代的到来，思维方式、道德标准和价值取向的多样化已成为基本趋势。意识形态领域的斗争表明，对于思想阵地，若马克思主义不去占领，非马克思主义、反马克思主义就会占领。因此，对社会民众，尤其是社会精英进行马克思主义传播势在必行。进行马克思主义理论的传播会因环境、内容、渠道、对象等不同，而有不同的途径和方式。要想获得传播的最优效果，对象首选社会精英层。因此，应采用具体适当的教育传播方式向社会精英进行马克思主义教育和引导，使他们成为社会意识形态的传播者和生产者，共同捍卫马克思主义在意识形态领域的指导地位。

（作者简介：刘德才，男，潍坊学院弘德书院副书记，副教授）

① 《毛泽东选集》第5卷，北京：人民出版社1991年版。

大学生思想政治教育以人为本理念的思考

一、以人为本的内涵

以人为本，是指在思想政治教育工作实践中，高校各级领导干部和思想政治教育工作者，在制定规章制度、日常管理和改进传统工作方法的同时，要坚持一切从大学生的合理需要、个性发展出发，调动和激发大学生学习和科研的积极性与创造性，以德智体美劳的全面发展为目的的一种理念。

马克思认为人之为人，人区别于其他存在者，是因为人是一种具有自我超越意识、不断生成新的自我、具有生存本性的特殊存在者。从中我们可以看出这个描述较之于人的本质理论的描述要更为深入，因为它不仅对本质这一共性认识进行了分析，还对人的生存性进行了解释。

1. 促进人的主体性的发展

在哲学上人具有特殊的含义，它既是天然存在于自然界之中的一种高等生物，又是超脱于自然界与动物范畴的超然存在，我们将人的这种性质称为“超然性”。人类不断地认识自我，挖掘自身潜力的过程中，会通过不断的社会实践来不断地否定与生成自身这种超然存在的地位，即不断将人的超越性强化。这种超越性从本质上来看，是人的主体性不断觉醒并强大的表现。人的超越性发展实质上也就是人的主体性的发展。我们可以以教育为例来看一下人的主体性如何在社会实践中得到发展和强化。

2. 以人的方式把握和理解人

我们在认识和理解以人为本这一基本概念的时候，应该将其归纳统辖到一种形而上的认识中，用哲学的眼光与角度对其进行审视。也就是说我们应当用马克思主义哲学的人学思想对以人为本这一概念进行诠释与解读，充分尊重每个人作为一个独立的社会个体的地位和资格。

我们还应该认识到人是社会规则的制定者，人实际上是通过不断的自我克制、自我约束摆脱自身的原始本能，从而激发自身的潜力，实现自己在社会存在中的意义和价值。最后我们还要认识到思维的转变属于意识层面的变化，只有将这种变化转化为实际行动才能从根本上改变当前的环境，人的价值才能得到最大程度的发挥。

3. 理解是人本思想的基础

理解是人本思想的基础，如果不能准确理解人本思想的含义以及自己和他人的精神价值与意义，那么人本思想根本不可能融入到人们的思想之中，并化作人们的实际行动。人是一种“自由自觉的活动”的存在，每个人都具有自己独立的思想意识，意识的差异性与多样性是意识世界最丰富的色彩，任何人都没有权利强迫他人改变自己的意识思维，这是对人的最基本的尊重。只有能够独立思考、独立行动的人才能称得上是真正意义上的人，我们不能将自己的思维模式强加给他人，也不能将处事的态度与方式作为一种“知识”灌输给具有独立思维性的社会个体，这种行为实质上是一种思维上的绑架。

二、马克思主义哲学思想与“以人为本”

以人为本既是一个政策也是一个实践问题，我们不能单纯将以人为本寄托于政策的倡导也不能将其寄托于实践的号召，只有将二者结合起来才能最大程度地保证以人为本理念的推广和贯彻。

1. 以人为本的平等理念

1844 年，马克思在《〈黑格尔法哲学批判〉导言》中曾经提出过一个非常著名的命题，即“人是人的最高本质”、“人的根本就是人本身”。① 这两句话从字面上来看与我国古代的以人为本相似，但是其本质含义却有着质的差异，马克思对人的本质的阐述更为深刻也更加符合客观规律，是对人的本质的深层次阐述与探索。

马克思所阐述的“人是人的最高本质”和“人的根本就是人本身”这两个基本观点已经突破了传统思维对人本的认识，也不再拘泥于从社会关系角度对人本思想进行破解。破除了传统等级关键对人的认识的束缚，将所有的人作为平等的个体来对待。实际上，人的最高本质与人的根本二者是相互对应的，换句话说，就是人的根本就在于人的最高本质，人本思想正是从这一理论基础出发，从根源上对人的地位进行阐述。

2. 以人为本与公仆的服务意识

以人为本的第二层含义是要求在社会分工中处于领导者地位的人应该树立人人平等的思想，将基层群众作为自己的衣食父母，努力为人民群众谋福利。这一层含义，实际上瞄准的是我国社会生活中一种不正常的人际交往现状，在人人平等的社会主义制度下，这种带有严重封建色彩的情况必须要纠正过来，并从更高境界完成人类本质的回归。

三、大学生思想政治教育实行“以人为本”的意义

近代中国一直处于半殖民地半封建社会，在几千年的封建社会中，

---

① 《马克思恩格斯选集》第 1 卷，北京：人民出版社 2012 年版，第 10 页。

等级分明的封建社会制度对我国人民造成了严重的影响，即使新中国成立之后很多人仍然没有摆脱这种思想的限制与束缚。在新中国成立后，党和国家领导人针对我国人民思想的缺陷，展开了新文化教育，很多人从那种老旧的等级观念中摆脱了出来，认识到人民才是国家的主人，人人平等的观念开始深入人心，人们之间的关系和相处也变得越来越平等。但是几千年文化的影响不可能在短短几十年间就完全失去存在的空间，在日常生活中人们还是会多多少少受到封建等级制度的影响，尤其是在文化教育比较落后的偏远地区。因此，在我国的社会生活、经济生活与政治生活中，难免会有些人将正常的领导与被领导、管理与被管理的关系看做区分人的主次地位、高低贵贱的标志，将社会分工所造成的个人职能不同看做是社会地位与社会等级的差异，造成在双方的交往中逐渐的迷失。

坚持以人为本应该树立公仆意识、为人民服务意识。马克思所说的“人是人的最高本质”和“人的根本就是人本身”本质上也是对平等观念的一种阐述，我们应该充分认识并肯定这种思想，并且是将其作为我们在日常工作与生活中为人处事、待人接物的基本依据。

我国社会主义市场经济体制的发展，由于历史的原因、观念层面滞后因素的重重阻滞而走过了曲折的发展历程。从 1978 年“计划经济和市场经济相结合”说法的提出；到 1982 年“计划经济为主，市场经济为辅”原则的确立；到 1987 年的“计划与市场内在统一”新体制的建构；再到 1992 年“建立社会主义市场经济体制”发展目标的正式明确，一直到现在，我国社会主义市场经济体制的建设仍然在摸索中逐步行进和完善。我国有漫长的封建时期，我国社会及人的发展模式主要以小农生产为主的自然经济为基础而建构，新中国成立后，高度集中的计划经济体制又为社会的发展、人的发展设置了种种限制，社会主义市场经济在新时期的发展和完善无疑会给中国社会的发展、人的发展带来强大的冲击，广泛的现代性发展元素，为人的发展的根本性现代转型奠定了坚实的现实基础。

社会主义市场经济体制孕育出的人的独立性、自主性，最初表现在经济活动的主体以及经济活动的领域，并由实践活动领域向主观意识领域进一步强化，促使人的深层次的主体自我意识、平等竞争意识、独立自主意识、责任意识的发展。观念意识层面的这种深层次的变化又将推动着人的独立、自主的实践、选择活动由经济领域延伸至社会活动的方方面面，并超越经济活动主体的范围而使更普遍意义上的人的思维方式、实践方式、发展方式发生历史性的变化，从意识内化到行为外化两个层面真正促使普遍意义上的独立个体在市场经济体制条件下的生成和发展。

社会主义市场经济体制客观上要求独立的个人都能以主体的身份自主选择和自主发展。因此，尊重人的独立性、自主性，给予人更广阔的自由空间与更全面的自主选择机会，这是市场经济发展对人才培养所提出的基本要求。因此，教育逐步走向市场，人才培养模式打破计划经济体制之下教育管理模式，逐步建立起学生自主参与、自主管理的发展模式，从专业发展方向，到教育内容、方式的选择；从生活、学习方面的自主管理，到就业及未来发展方向的自主取向。自主型的教育管理模式把学生视为独立的主体，赋予了他们更多的自主权、选择权、自由权。

多元文化是一把“双刃剑”，它一方面动摇了西方霸权文化的中心地位、绝对的话语权地位，促进了世界文化的平等对话与交流，文化的多样性与差异性为社会的发展、人的发展提供了更丰富的资源，开创了更广阔的空间，对文化、社会和人本身有着积极的不可替代的作用。另一方面多元文化必然对主导文化构成某种程度的威胁，多元文化的冲突与纷争实质上体现了代表不同文化内核的价值观念的矛盾与对立，它在一定程度上对于文化的发展、社会的发展、人的发展是一种离心力，起到削弱主导文化、民族文化凝聚力的负面作用。因此，在多元文化并存发展的时代更加需要以科学的方式和手段强化主导文化的指导地位，坚持文化多样化发展与文化一元化主导的辩证统一。

文化的发展凝结着人的发展，文化发展的过程实际上就是人的本质力量提升，人的自我发展、完善的过程。真正的文化代表着人的一种独特的生活方式，有着独特的地位与价值内核，它们通过器物形态、制度形态尤其是观念形态一代一代地传承。随着全球化趋势的不断发展，社会生产力水平不断提高，科技和文化日益强盛，不同地域之间文化相互交流的机会日渐增多，异质文化间的碰撞、交流、冲突、融合已然成势，蔚为壮观。文化多元化已对高校思想政治教育提出了严峻的挑战。每一种文化都是特定文明的历史积淀，都有其合理性的价值内核与独特的文化魅力，但也有其不可避免的局限性乃至反社会的错误性。只有在个体理性地洞察多元文化的内在本质，作出合理的文化价值取向的基础上，才能够积极地参与文化的创造与发展，融合多元文化之精髓及合理内核，真正推动社会主义先进文化的建设和发展。

四、大学生思想政治教育中“以人为本”的具体体现

大学生思想政治教育以人为本的人本化趋势，随着科学发展观在高等教育中的深入贯彻与实践，日益凸显为以学生为本，主要表现在以下几个方面。

1. 大学生是发展的主体

以人为本在大学生思想政治教育中的体现就是“以生为本”，具体来说就是充分尊重大学生在思想政治教育中的地位和作用，通过引导与激励的方式促进其主体意识的苏醒，增强思想政治教育的效果。大学生思想政治教育不仅要关注他们思想动态的变化，也要为他们的健康成长和全面发展负责，这种作用主要体现在以下三个方面。

首先，重视教育和引导大学生正确认识自己的持续发展的问题。大学生的可持续发展，是实现人生价值的前提，也是实现社会可持续发展的最重要的基础。大学生的可持续发展，就是要发现和挖掘大学生发展的巨大潜力，增强大学生自我持续发展的意识和能力，建立大学生发展的长效机制。在学习过程中，大学生也要不断适应学习型社会和学习型组织的基本要求，不断充实和更新自身的知识结构，增强持续发展的坚定意志，克服发展中面临的种种困难和障碍，实现自身的可持续发展。

其次，重视教育和引导大学生正确认识和处理好自发发展和自觉发展的关系。从现实状况来看，大学生的发展主要有两种形态，即自觉发展和自发发展。具体来说，就是学生本人缺乏自我发展的意识和概念，缺乏对自身成长成才目标的认识，只要在发展中遇到挫折，就轻言放弃。所以大学生思想政治教育要十分重视引导大学生克服发展的盲目性，增强发展的自觉性，掌握和遵循人才成长发展的规律，不断健康成长。

再次，重视教育和引导大学生正确认识和处理好片面发展与全面发展的关系。大学生的综合素质是一个复杂的集合体，它是一个各种素质的集合概念，主要包括个人的思想道德水平和素质，科学文化水平和素质以及身心健康素质等。大学生的全面发展之所以是大学生素质提升的关键，也正是因为全面发展的综合性，一个人个人的提高并不是某一种能力的单独发展，而是多种素质的齐头并进。大学生思想政治教育更加重视针对大学生德智体美素质发展失衡的现象，引导大学生克服发展的片面性，增强发展的全面性与协调性，实现健康发展。

2. 大学生是价值主体

大学生思想政治教育以人为本还体现为以大学生为价值之本。大学生思想政治教育更加注重引导大学生正确认识和满足自身的需要，实现自身的价值。价值涉及主体的需要及其满足。马克思认为，"'价值'这个普遍的概念是从人们对待满足他们需要的外界物的关系中产生的"。在价值关系中，价值的主体需要获得满足，价值的客体正是这种满意的提供者，这是事物发展的一般规律，价值关系的常态。在对大学生进行思想政治教育的过程中，我们应该将大学生作为这种价值关系的主体，在交易过程中要充分尊重大学生的个人需求，将满足他们的需求作为教育者的基本工作依据，这样是做好大学生思想政治教育工作，提高我国大学生思想政治素质的基本要求。大学生的需要和大学生的利益密切相关，需要是一种潜在利益，需要的满足是一种现实利益。大学生的需要主要表现为物质需要和精神需要。大学生思想政治教育更加重视加强与大学生有关的政策和制度教育，引导大学生协调和处理好各种与自己相关的物质利益关系，维护自身的权益。除此之外，还更加加强道德教育，增强大学生的道德意识，提高大学生的道德判断能力、道德选择能力和道德践履能力，满足大学生的道德发展需要；注重引导大学生认识和满足自身的精神需要，包括加强理想信念教育，引导和帮助大学生树立正确的人生理想，把握人生发展的正确方向，选择和走好人生发展的正确道路，满足大学生树立和实现人生远大志向的需要；加强心理健康教育，开展心理咨询活动，帮助大学生克服心理障碍，形成健全的人格，满足大学生的心理健康发展需要；加强情感教育，引导大学生正确认识和处理好交友、恋爱、婚姻等各种关系，形成高尚的情操，满足大学生情感发展的需要；还要开展各种丰富多彩的校园文化体育活动，满足大学生日益增长的精神文化需要。

3. 大学生是实践主体

大学生思想政治教育以人为本首先体现为以大学生为实践之本。大学生的主要任务是学习，这是大学生在校期间作为实践主体的主要活动形式。大学生是学习的主体。大学生思想政治教育越来越注重寓思想政治教育于大学生学习活动之中，引导大学生明确学习目的和科学知识的价值；激励他们勤奋学习和系统掌握人类创造的全部科学文化成果，提高创新精神和实践能力，培养与所学专业密切相关的职业道德和职业精神；全面提升思想道德素质，为大学生的全面发展和毕业以后走向社会，推动社会实践活动奠定重要的思想基础；不断调动大学生学习的积极性、主动性和创造性，激发大学生刻苦学习、严谨治学的精神动力。大学生思想政治教育还更加注重引导在校大学生积极参与社会实践活动，运用学习掌握的科学理论知识指导和推进社会实践活动，自觉走与实践、与工农相结合的青年知识分子成长道路，在社会实践中受教育、做贡献、长才干。

从根本上说，思想政治教育就是一项针对人的工作，并没有具体条款和措施来约束，因此教育者可以最大限度地发挥自己的主动性，帮助大学生提高他们的思想政治素质和水平。作为一项以人为工作对象的工作，思想政治工作者应该明确自己的工作对象，并根据工作对象的特点制定具有针对性的教育措施，将人作为思想政治工作的核心。在思想政治教育工作中，我们要对教育的对象保持足够的尊重，不仅要强调理想的崇高性，调动人们参与为社会主义理想共同奋斗的情绪，还要尊重个人的意愿，尊重教育对象的个人理想与发展意愿，并帮助他们不断提升自己。

新时期，随着人们物质生活的提高和精神生活的丰富，人们的自主意识也开始增强，这种客观变化要求思想政治工作必须要从实际出发，从受教育者的角度出发，只有坚定不移的坚持群众路线，才能赢得人们的支持。在思想政治教育实践中，思想政治教育工作者一定要尊重客观规律，根据规律办事，不能凭自己的主观判断决策。我们应该清楚地认识到，只有对思想政治教育的主体保持足够的尊重，才能赢得他们的信任与配合，才能让我国的思想政治教育工作充满活力地向前发展，为伟大的社会主义建设事业培养一批又一批的人才。

五、“以人为本”大学生思想政治教育的基本思路

1. 解决学生的实际问题

大学生的思想政治教育首先要从解决大学生的实际问题出发，解决

大学生在生活、学习方面面临的实际困难，正视那些弱势学生群体面临的实际困难，摸清每一位学生的具体情况，给他们以实际的帮助。

2. 关注学生的心理变化

心理健康是指个体在适应环境的过程中，生理、心理和社会性方面达到协调一致，保持一种良好的心理功能状态。一般情况下，心理健康代表着人的心理调适能力与发展水平，即个体在内外部环境变化的过程中，能够长时期保持正常心理状态，这是众多心理因素在良好心理功能状态下有机运行的综合体现。因此，在高校思想政治教育过程中，必须加强对学生心理健康的重视。

在思想政治教育中引入心理咨询的方法显得尤为重要，这不仅是思想政治教育对象心理变化的客观需要，同时更是因为思想政治教育目的和心理咨询目的不存在本质上的差别，在应对教育对象心理问题、促进教育对象发展方面具有内在相通性和一致性。

从国外来看，不同的国家有不同的心理咨询理论和方法。在发达国家，心理咨询的方法由传统发展到了现代。它们的心理咨询方法我们可以借鉴，但其方法是以西方心理学理论为基础的，而且其运用也受到范围和条件的制约，所以，我们不能生搬硬套它们的方法。我们在思想政治教育心理咨询过程中，要运用已经在实践中形成的“引导咨询法”“交友谈心法”、“自我调控法”等咨询方法，也要根据我国社会和人的发展趋势，探索新的心理咨询方法。因此，应把借鉴、继承和创新有机结合起来，形成系统的心理咨询方法，确保高校思想政治教育工作心理咨询法的有效性。

3. 促进学生的角色转变

在实施高校思想政治教育工作过程中，要充分考虑学生的接受性，让学生从“被动”转为“主动”，才能使思想教育工作落到实处，取得实效。在过去的教育模式中，我们往往忽视了学生作为主体的地位，从一开始就把学生设定为“被动的接受者”、“凡事必须强力推动”的态度，造成学生总是被动消极地参与教育活动，使我们的教育活动远离学生的思想实际，极大地影响了思想政治教育工作的实效性。

随着中国社会的日益开放以及信息技术的飞速发展，大学生的视野更加开阔了，获取信息的方式更加多元化了，独立思考、自我判断的能力更强了，其自主意识、平等意识和参与意识也显著增强了。此时，无论是处于时代发展的要求还是从大学生个性发展的要求来看，在整个高校思想政治教育工作过程中，都必须充分尊重和体现大学生的主体地位，调动大学生参与思想政治教育和自我教育的积极性，实现思想政治教育工作由被动型向主动型的转变。

4. 要充分尊重学生

尊重是沟通交流的基础。在高校思想政治教育工作中，树立以学生为本的理念，遵循大学生的成长成才规律和教育规律，善于引导，充分尊重大学生的主体地位和个性需求，融入人文关怀，尊重大学生的尊严、人格、价值和创造性，与他们真诚地沟通，理解、关心、帮助他们，给予他们信心和鼓励，使他们感受到温暖和希望，不断提高高校思想政治教育的亲和力、说服力，最大限度地发挥学生的主观能动性，充分激发他们的学习积极性和参与教育活动的热情，努力增强思想政治教育的针对性和吸引力。

5. 全面调动学生的参与积极性

当前，从高校思想政治的教育模式来看，教师与学生之间的关系并不是主体与客体之间的关系，更准确地来说，他们之间应该是一种主体与主体之间的关系。对于教师来说，他们是教授、传播知识的主体，而学生在教学过程中是一个积极主动的主体，在整个教育过程中是积极的参与者。在教学过程中，教师应该在平等的前提下与学生展开交流与沟通，鼓励与引导学生参与课程讨论或是相关的实践活动。也就是说，教师在教学过程中可以组织学生对一些社会活动进行讨论，然后让学生针对该问题展开激烈的讨论，说出自己对这一问题最真实的看法。在活动中，教师要充分尊重学生的意见，相信并依靠学生，让他们充分参与其中。除此之外，教师在课余时间还应该对学生的生活进行实际考察，对学生的思想有准确的把握，积极与学生进行交流，交换彼此的看法，提高学生参与的积极性。

参考文献

[1] 黄蓉生：《新世纪高校“两课”建设研究》，成都：西南师范大学出版社2013年版。

[2] 王爽：《新媒体时代大学生思想政治教育的挑战与创新》，北京：中国言实出版社2014年版。

[3] 陈志勇：《新媒体时代的大学生思想政治教育》，北京：中国文史出版社2014年版。

[4] 季海菊：《新媒体时代高校思想政治教育的解构与重塑》，南京：东南大学出版社2014年版。

[5] 玉素萍：《至善之道与大学生思想政治教育》，北京：科学出版社2015年版。

[6] 艾四林：《中国梦与大学生思想政治教育》，北京：中国文史出版社2015年版。

[7] 孙绍斌：《铸魂育警：大学生思想政治工作的理论与实践》，北京：中国文史出版社2015年版。

[8] 刘丽红：《当代大学生思想政治教育工作探索》，北京：中国文史出版社2015年版。

（作者简介：魏晓笛：女，潍坊学院马克思主义学院教授；韩冬云：女，潍坊学院马克思主义学院副教授）

诚信传统美德及其现代价值探论

诚是中华传统美德的重要范畴。诚就是真实不欺，既不自欺，也不欺人。信是“五常”之一，其含义也是诚实不欺，主要是讲信用、守诺言。《中庸》解释，诚就是“一也”。诚，指的是真心实意、一心一意的意思。孟子认为在人的天性中本来就具有仁、义、礼、智，人只要“修身”、“养性”，努力“思诚”，向内心多加思索，便可以“知其性”、“知其天”，从而成为圣人。诚是一切道德行为的基础和从事道德修养的前提，也是一个人为学和立业的根本。古人说：“诚，五常之本，百行之源也。”① 无诚则无德，无诚则事难成。我国古代经典《易经》中的“中孚”卦就是专门讲“诚信”的。卦辞说：“中孚：豚鱼吉，利涉大川，利贞。”② 意思是说，诚信：诚信施及到愚钝无知的小猪小鱼身上，从而感化了它们，因此获得吉祥，利于涉越大河大川，利于坚守中正之道。可见，诚信是立身处世之本，涉险进取之道。

孔子有位高足弟子叫曾参。据传，曾子的妻子要去集市，他的孩子跟在后面哭哭啼啼嚷着也要去。曾妻说：“孩子你回去吧，等我回家给你杀猪吃。”曾子则正色说：“小孩子也是不能随意开玩笑的。小孩子没有知识，只有从父母那里学得，听从父母的教导。你今天欺骗了他，这

---

① 周敦颐：《周子全书·通书·诚下》。

② 《易经·下经·中孚卦第六十一》。

是教他学骗人。母亲欺骗孩子，孩子就不会信赖他的母亲，这就不可能达到家庭教育的效果。”于是回来后就把猪杀了。这就是历史上著名的“杀彘（zhi，小猪）教子”的故事。说明曾子十分注重孩子的诚信教育。孔子说：“履信思乎顺，又以尚贤也。是以自天祐之，吉无不利也。”①就是说，履守诚信，而思处处合顺于道义规范，又能崇尚贤能的人，犹如从上天祐助他，完全是吉利的。“人而无信，未知其可也”。②在全面建设小康社会、推进社会主义现代化建设的进程中，传承和弘扬诚信美德，坚持修德以诚，诚实不欺，以诚感人，以诚待人，至诚达信，具有重要的现实意义和积极的社会价值。

一、诚以养德，修身成己

注重诚信修养，才能成己利人。古人说，一是皆以修身为本。“格物、致知、诚意、正心、修身、齐家、治国、平天下。”③《中庸》里说：“诚者，天之道也；诚之者，人之道也。”修身必须正心诚意，必须切身，既不自欺也不欺人，不是做样子给别人看。否则，言行不一、阳奉阴违，就会导致双面人格或人格分裂。诚信为立身处世的根本，一切道德的根源，可以缩短人心距离、沟通意志，促进和谐与团结，发挥教化的功能，更可以积极进取，攻坚克难。“学者不可以不诚，不诚无以为善，不诚无以为君子。修学不以诚，则学杂；为事不以诚，则事败；自谋不以诚，则是欺其心而自弃其忠；与人不以诚，则是丧其德而增人之怨。”④诚信也并非毫无原则。诚信应以纯正为先决条件。诚信的对象并非毫无选择，必须彼此意志沟通、互相能够引起共鸣，彼此诚信，才能发挥诚信的功用。虚心为诚信的根本，自以为是，过度自信，反而刚

---

① 《易经·系辞上传》。

② 《论语·为政》。

③ 《礼记·大学》。

④ 《二程集·河南程氏遗书》卷二十五。

愎自用，脱离现实，脱离群众，造成失误乃至失败。诚信待时是为人处事的重要准则和应变智慧。

二、诚以处世，进退有则

讲究处世艺术，勿忘诚信为本。靠所谓厚黑学、潜规则非但不能成功，还会自取其辱。中国文化传统中有着著名的“十六字心传”，这就是：“人心惟危，道心惟微；惟精惟一，允执厥中。”这十六字载于《尚书·大禹谟》，传说源于尧舜禹禅让的故事。意思是说，人心动荡不安，道心幽昧难明，只有精诚专一，实实在在坚持中正之道。其要义是：允执其中。“允执其中”也就是“执两用中”的思维方法。“执两用中”不是不讲原则地调和折中。这一点，我国古代哲学家朱熹就意识到了。他主张“诚而中”，反对“不诚而中”，以“诚”为根本。朱熹《中庸章句》把“诚”界定为“真实无妄”，就是要从天人合一的层面讲“诚”，以为“诚”不仅是“天理之本然”，为天所固有，而且也为人性所固有；不仅圣人能够“诚”而真实无妄，而且未至于圣者，也可以“择善而固执”达到“诚”。

诚信是人性一切优点的基础，世界上才华横溢的人并不罕见，但是，才华出众的人就值得信赖吗？只有诚信的人才值得信赖。“内诚于己，外信于人”，诚是人内心的道德品质，信则是诚的外化表现。诚信这种品质比其他任何品质更能赢得尊重和尊敬，更能取信于人。著名教育家陶行知先生有一句名言：“千教万教教人求真，千学万学学做真人。”诚信是立身之本，是一个人最宝贵的财产。当然，诚不是狭隘的哥们义气，信也不是无原则地履诺。

三、建设诚信社会，提升社会文明

诚信是社会主义市场经济大厦的基石。在现代商品社会里，提倡诚实守信似乎不合时宜。其实不然，诚实守信才是商品社会的一条基本准则。市场经济是信用经济，又是法制经济。英国古典经济学家亚当·斯密说，没有公正就没有市场经济。常言说“君子爱财，取之有道”。这里所讲的“道”，不仅是经营理财之道，更是诚实守信之道。“言而无信，行之不远。”坑蒙拐骗不仅不是发财致富的长久之计，而且也是违反法律和道德的事，最终往往是害人又害己。

美国前总统林肯说过，政治是有给有取的艺术，但不能搞欺骗。他在一次演说中说道：“你能永远欺骗一部分人，也能暂时欺骗所有的人，但不能永远欺骗所有的人。”（You can fool some of the people all of the time, and all of the people some of the time, but you cannot fool all of the people all of the time.）① 玩弄权术，弄虚作假只会得意一时，不能成就一生。正如鲁迅先生说过的，“捣鬼有术，也有效，然而有限，故以此成大事者，古来无有。”本杰明·鲁迪亚德曾经说过：“没有谁必须要成为富人或成为伟人，也没有谁必须要成为一个聪明的人，但是，每一个人必须要做一个诚实的人。”毛泽东同志谆谆倡导“实事求是”，我国人民要努力工作，要“老老实实，勤勤恳恳，互勉互励，力戒任何的虚夸和骄傲”②。在现代社会中，随着社会主义市场经济的不断发展，“诚实守信”在社会政治生活、经济生活、文化建设和道德风尚等各个方面，日益显示出它的重要地位。

国无德不兴，人无德不立。随着社会主义现代化的发展，社会生活巨大而深刻的变化赋予诚信这一传统美德日益丰富的时代内容，也促使人们对诚信的理解从伦理道德的范畴提升到制度建设的层面。诚信是高尚的人格力量，是企业宝贵的无形资产，是社会正常的生产生活秩序，是良好的国际形象。诚信是道德范畴和制度范畴的统一，加强诚信建设体现了依法治国与以德治国的紧密结合，是社会主义政治

① 《林肯传》，夏维华注释，北京：外语教学与研究出版社 1983 年版，第 127 页。
② 《毛泽东选集》第 5 卷，北京：人民出版社 1977 年版，第 132—133 页。

文明的鲜明体现。

四、践行诚信美德，促进社会和谐

习近平总书记指出：“中华传统美德是中华文化精髓，蕴含着丰富的思想道德资源。”要“深入挖掘和阐发中华优秀传统文化讲仁爱、重民本、守诚信、崇正义、尚和合、求大同的时代价值，使中华优秀传统文化成为涵养社会主义核心价值观的重要源泉。”①加强诚信建设，正是弘扬社会主义核心价值观的具体实践。大力倡导和自觉践行诚信道德，就要忠诚于人民的利益，全心全意为人民服务；坚持实事求是，在政治生活、经济生活和文化生活中坚持唯物论的反映论，说老实话，办老实事；坚持诚信待人，言行一致，表里如一，不搞两面派；坚持诚实劳动，不制假售假、以次充好；勇于开展批评与自我批评，不文过饰非。加强诚信建设，应当成为全方位、全局性的民心工程、社会工程、国家工程。

诚信是社会主义核心价值观的重要内容，是公民基本道德规范，是社会主义市场经济的基础。市场经济必须是诚信经济。社会转型期道德虚无主义、相对主义的消极影响，导致的诚信缺失现象不能也不应持续下去。随着科技的发展，“互联网＋”时代的到来，对虚拟世界诚信缺失现象的引导和规制也面临新的挑战。对此，建设诚信社会，需要德法并用，现实与虚拟共治，加强网络信息的规范引导，进一步建立和完善社会信用体系。

习近平总书记指出：“人民对美好生活的向往，就是我们的奋斗目标。”人们渴望过上幸福的生活，需要对幸福观加以关注和引导。我国古代的《尚书·洪范》中，就有关于五“福”的论述：“一曰寿，二曰富，三曰康宁，四曰攸好德，五曰考终命。”也就是长寿、富贵、无疾

① 《习近平谈治国理政》，北京：外文出版社2014年版，第164页。

病、追求美德、生命善终。这种价值观被普遍认同且久远流传。《论语》中记载了一个小故事，孔子周游列国，经过卫国，看到卫国人口众多，甚为繁荣，孔子不禁赞叹："庶矣哉!"他的弟子冉有问他：人口如此众多，要如何治理？孔子回答："富之。"要让国家强盛，人民富裕。冉有接着问：富裕之后，怎样进一步治理？孔子回答："教之。"这种"先富后教"的思想，理应成为当代中国的文化态度。德国哲学家黑格尔说过，一个民族如果缺乏民族精神，就好像一座庙宇装饰得富丽堂皇却没有神像一样。经过30多年的改革开放，我国的综合国力和人民的生活水平都有了极大提高，在全面深化改革、推进全面小康社会建设的进程中，在全社会大力倡导和自觉践行诚信美德，全面提升公民文明素养，有助于形成与经济新常态相适应的政治新常态、社会新常态和文化新常态，提升人民群众的幸福感。

"鸣鹤在阴，其子和之。"① 自然现象中的蝴蝶效应在社会领域也是存在的。我们必须大力开展社会主义核心价值观宣传教育，全社会自觉践行诚信道德规范。通过建设诚信政府，打造诚信企业，建设诚信单位，从而形成良好的政治生态、经济生态和社会生态，促进社会主义和谐社会的构建，促进社会文明的整体进步与提升。

五、党员干部带头，树立诚信典范

古人云，政者正也。其身正，不令而从；其身不正，虽令不从。建设诚信社会，群众需要榜样，社会需要引导。党员干部的表率作用，事关全局，事关长远。必须通过党员干部诚信带动广大群众诚信，通过诚信政府建设带动诚信社会建设。当前，党中央正在全国党员干部中开展"三严三实"专题教育。广大党员干部要把习近平总书记提出的"既严

① 《易经·下经·中孚卦第六十一》。

以修身、严以用权、严以律己，又谋事要实、创业要实、做人要实”①作为修身之本、为政之道、成事之要，把诚实守信作为修身立德的基本要求，一切从人民的利益出发，对上级、对下级、对老百姓“诚实守信”，说老实话，干老实事，做老实人，以诚待人，讲求信用，切实转变工作作风，以此带动整个社会风气的好转，为实现中华民族的伟大复兴提供坚强精神动力和可靠作风保障。

（作者简介：王家忠，男，潍坊学院学报编辑部主任，教授）

① 习近平总书记2014年3月9日在十二届全国人大二次会议安徽代表团参加审议时的讲话。

论解放思想对全面深化改革的推动作用

习近平总书记在《切实把思想统一到党的十八届三中全会精神上来》的讲话中指出，解放思想是改革开放的前提，是解放和发展生产力、解放和增强社会活力的总开关。没有解放思想，我们党就不可能做出改革开放的历史性决策；没有解放思想，我们党也不可能在实践中不断推进理论创新和实践创新，有效化解前进道路上的各种风险挑战，把改革开放不断推向前进。实践发展无止境，改革开放无止境，解放思想无止境。① 习近平总书记的这些论述，既深刻揭示了我国改革开放取得成功的认识根源，又充分阐明了解放思想对于全面深化改革的现实意义。深入学习习近平同志的这些论述，对于提高继续解放思想的自觉性和科学性，推进全面深化改革进程无疑具有重要的作用和意义。

一、解放思想是改革开放取得成功的法宝

思想是行动的先声，思想变革是社会变革的先导。在社会变革过程中，一旦实践的主体从错误、僵化的思想观念中解放出来，就能迸发出

① 习近平：《切实把思想统一到党的十八届三中全会精神上来》，载《求是》，2014 年第 1 期。

巨大的能量，有力地推进社会历史的进程。社会主义改革是当代人类最伟大社会变革之一，解放思想同样对社会主义改革起着巨大的推动作用。

首先，解放思想为社会主义改革指明了正确方向。从理论上来说，社会主义优于资本主义，所以，必须坚定社会主义道路不动摇。但是，现实形态的社会主义是具体的、历史的，理论只有和本国社会主义具体实际相一致，才能促进社会主义的发展。否则，理论脱离实际，思想背离现实，就会犯“左”倾或右倾的错误。而按照这种“左”倾或右倾错误思想建立起来的社会主义体制必然存在种种弊端，并在实践中导致曲折和失误。要进行社会主义改革，消除弊端，首先就要解放思想。思想解放了，才能从最根本上看清和排除“左”倾和右倾思想的干扰，使理论和实际趋于一致，为社会主义改革指明正确方向。思想不解放，就不能正确认识现实，看不清问题的症结所在，就找不到改革的正确道路。邓小平同志说：“只有思想解放了，我们才能正确地以马列主义、毛泽东思想为指导，解决过去遗留的问题，解决新出现的一系列问题，正确地改革同生产力发展不相适应的生产关系和上层建筑，根据我国的实际情况，确定实现四个现代化的具体道路、方针、方法和措施。”① 这就告诉我们，解放思想既是对封闭僵化的社会主义观的否定，也是对改旗易帜的资本主义意识形态的否定，正确的解放思想是使社会主义改革沿着适合本国特点的社会主义方向顺利推进的思想保证。

其次，解放思想为探索社会主义改革提供了具体方法。作为方法论，解放思想是同实事求是紧密联系的，是马克思主义认识论的重要组成部分。它要求摆脱原有思维模式和认识的束缚，建立新的适应现实条件和形势的认识，要求历史地、客观地、辩证地总结和看待过去，一切从实际情况出发寻找解决问题的办法。邓小平指出：“解放思想，就是

---

① 《邓小平文选》第2卷，北京：人民出版社1994年版，第141页。

使思想和实际相符合，使主观和客观相符合，就是实事求是”。[①] 只有思想解放了，才能在社会主义改革中切实贯彻辩证唯物主义和历史唯物主义的认识路线，才能避免主观主义和形而上学的错误，为正确认识和解决各种疑难问题提供科学的方法论指导。我国农村的家庭联产承包责任制就是农民根据我国农村的实际情况创造发明的，社会主义与市场经济的有机结合是在克服了对社会主义和市场经济的僵化观念的基础上实现的，我国改革开放中的许多难题都是在解放思想的前提下得到解决的。可见，解放思想是解决各种疑难问题的金钥匙，是释放社会主义改革创造力的总开关。有了解放思想，就能实事求是地分析和研究问题，就能提出创造性的解决方案，从而使问题迎刃而解。

再次，解放思想为社会主义改革凝聚了实践力量。人民群众是历史的主人，是社会实践的主体。列宁指出：“生气勃勃的创造性的社会主义是由人民群众自己创立的。”[②] “社会主义不是少数人——一个党所能实现的。只有千百万人学会亲自做这件事的时候，社会主义才能实现。”[③] 社会主义改革是一项开创性的社会历史事业，只有充分激发人民群众创造历史的伟大作用，才能形成波澜壮阔的改革浪潮，有力推动社会主义发展进程。社会主义改革实践证明，解放思想关键是解放群众的思想。相信群众，依靠群众，充分激发和尊重群众的首创精神，使人民群众主动参与改革，投身改革，社会主义改革就能获得无穷无尽的动力来源。

正是基于解放思想对社会主义改革巨大推动作用的认识，我国一直把解放思想作为推动改革开放的首要动力。我国改革开放是在思想解放中开启的，也是在解放思想中推进的。改革开放历程中的每一次重大思想解放，都极大地推动了改革开放进程，推动了中国特色社会主义的

---

① 《邓小平文选》第 2 卷，北京：人民出版社 1994 年版，第 364 页。
② 《列宁专题文集（论社会主义）》，北京：人民出版社 2009 年版，第 399 页。
③ 《列宁专题文集（论社会主义）》，北京：人民出版社 2009 年版，第 72 页。

发展。

马克思、恩格斯所描述的社会主义的基本特征是针对资本主义高度发展基础上取而代之的社会主义做出的。实际上不管是苏联还是我国，其社会主义制度建立时资本主义都没有得到充分发展。1978 年关于真理标准问题的大讨论，揭开了思想解放的序幕。通过真理标准大讨论，果断否定了“两个凡是”的错误方针，解放了广大人民的思想，使党的工作重心由阶级斗争为纲转到经济建设上来，为改革开放打下了良好的思想基础。可以说，没有真理标准问题大讨论和人民的思想大解放，就不会有拨乱反正的巨大成果，也不会有改革开放进程的开启。正是从这个意义上，邓小平同志指出：“一个党、一个国家、一个民族，如果一切从本本出发，思想僵化，迷信盛行，那它就不能前进了，它的生机就停止了，就要亡党亡国。”① 几乎同时，针对改革开放中出现的怀疑社会主义制度和党的领导的资产阶级自由化思潮，邓小平同志在 1979 年 3 月所作的《坚持四项基本原则》的报告中指出，实现四个现代化，必须坚持社会主义道路、无产阶级专政、共产党的领导和马列主义毛泽东思想。这就为解放思想规定了科学的边界，有效预防了人们的思想从一个极端跳到另一个极端，使改革开放从一开始就有了切实的思想保障。

我国改革开放不但在思想解放中正确开启，而且也在思想解放中不断推进。每一次思想大解放总能推动改革开放跃上新的台阶。1992 年邓小平发表南方谈话，阐明了计划和市场与资本主义和社会主义的关系，指出判断改革得失成败的根本标准是“三个有利于”，从而把人们的思想从姓“资”姓“社”的束缚中解放出来，使改革开放掀起新一轮高潮。针对公有制的实现形式问题，党的十五大报告指出，公有制实现形式可以而且应当多样化；股份制是现代企业的一种经营方式和资本组织形式，资本主义可以用，社会主义也可以用，关键是看控股权掌握在谁

① 《邓小平文选》第 2 卷，北京：人民出版社 1994 年版，第 143 页。

手里，只要国家和集体控股，就具有明显的公有性质。十五大的这一表述打破了人们在所有制问题上姓“公”姓“私”的传统观念，使我国国有企业迎来了一个新的改革发展高峰。我国改革开放以来30多年的巨大成就充分证明，解放思想是推进改革开放的一大法宝。随着改革开放的不断推进，解放思想也必将发挥更大的作用。

二、推进全面深化改革需要继续解放思想

以党的十八届三中全会为标志，我国进入了全面深化改革的历史新阶段。这既是在洞悉当今世界发展大势基础上做出的自觉之举，也是我国改革开放和现代化事业继往开来的必由之路。面对改革“攻坚期”和“深水区”的重重障碍，继续解放思想仍然是凝聚改革智慧和力量、攻坚克难的必备法宝。

首先，冲破陈旧、错误思想观念的影响需要继续解放思想。不可否认，我国改革开放30多年来人们的思想已得到极大解放，社会主义基本路线已深入人心。但是在当前错综复杂的国际国内环境下，仍然存在一些严重阻碍全面深化改革的陈旧、错误思想观念。其中比较突出就是各种形式的教条主义。有些人高喊要坚持马克思主义，但在实际运用中却总是违背马克思主义的基本精神，或者割裂马克思主义各个理论体系之间的联系，或者陷入对马克思主义经典作家的某些具体结论不能自拔等，不一而足。这种打着马克思主义旗号的假马克思主义具有很大的迷惑性和欺骗性，如果用这些思想来指导全面深化改革，必然会给改革开放事业带来巨大危害。另外，各种形式的“洋教条”近些年在我国也是此起彼伏，企图同我们争夺改革开放的话语权。这些“洋教条”往往借助一些“主流公共知识分子”、“主流经济学家”进行传播，具有很大的诱惑性。其中比较典型的如新自由主义、民主社会主义、普世价值观、西方宪政民主思潮等。毫无疑问，这些“洋教条”的危害性同样不可小觑。只有继续解放思想，彻底肃清这些错误思潮的影响，全面深化改革

的正确方向才能不受干扰，全面深化改革的胜利果实才有根本保障。

除去以上所说各种形式的教条主义之外，当前在一些干部群众中存在的陈旧思想观念也不符合全面深化改革的总体要求。例如，有些人进取意识不强，有些人迷信思想浓厚，有些人法制观念淡薄，有些人特权思想严重，等等。只有继续解放思想，不断提升广大人民特别是党员干部的思想和能力素养，才能紧跟全面深化改革的时代步伐。

其次，解决现实问题需要继续解放思想。解放思想的首要目的是为了解决现实问题。随着改革开放不断向纵深挺近，发展中的问题和发展后的问题、一般矛盾和深层矛盾、有待完成的任务和新提出的任务也就不断交织叠加，变得愈加错综复杂。习近平同志在《关于〈中共中央关于全面深化改革若干重大问题的决定〉的说明》中对当前我国全面深化改革亟需解决的重大矛盾和问题做了归纳概括。他指出，发展中不平衡、不协调、不可持续的问题依然突出，科技创新能力不强，产业结构不合理，发展方式依然粗放，城乡区域发展差距和居民收入分配差距依然较大，社会矛盾明显增多，教育、就业、社会保障、医疗、住房、生态环境、食品药品安全、安全生产、社会治安、执法司法等关系群众切身利益的问题较多，部分群众生活困难，形式主义、官僚主义、享乐主义和奢靡之风问题突出，一些领域消极腐败现象易发多发，反腐败斗争形势依然严峻，等等。① 不难看出，这些矛盾和问题都是“难啃的硬骨头”，都是绕不过去的坎，沿用老路子、老办法很难得到彻底解决，甚至有的还会因处理不当而走向恶化。要彻底解决上述问题，关键在于深化改革，而深化改革，首先在于创新改革思路。只有进一步解放思想、更新观念，把马克思主义基本原理切实运用于改革的具体实践，才能找到问题的症结所在，找准解决问题的切入点和突破口，使问题从根本上得到科学合理的解决。

---

① 《习近平关于全面深化改革论述摘编》，北京：中央文献出版社2014年版，第6页。

再次，实现未来目标需要继续解放思想。解放思想不但是解决现实问题的需要，同时也是凝聚力量，实现未来目标的要求。当我们把思维和实践的视野投向未来的时候，同样伴随着思想的解放。改革开放是一个阶段性和连续性紧密相连的事业，其中，前一阶段的成果构成后一阶段的基础；而后一阶段的目标则为前一阶段的发展规定了基本路径和实践动力。改革开放就是在这样环环相扣、接续发展中往前推进的。邓小平同志早在上世纪80年代就指出："改革的意义，是为下一个十年和下世纪的前五十年奠定良好的持续发展的基础。没有改革就没有今后的持续发展。所以，改革不只是看三年五年，而是要看二十年，要看下世纪的前五十年。这件事必须坚决干下去。"① 习近平同志在第十八届中央政治局第二次集体学习时强调："改革开放是决定当代中国命运的关键一招，也是决定实现'两个一百年'奋斗目标、实现中华民族伟大复兴的关键一招。"② 站在新的历史起点上，党的十八届三中全会为新阶段的改革开放确立了新的宏伟目标，这对于进一步激发全国人民的改革热情、增强改革动力起了重要作用。但是，改革是一项开创性、探索性的事业，仅凭理想、热情是远远不够的，还须用科学的方法把这种理想和热情引导到正确的道路上，按规律办事；否则，就是盲目蛮干，人有多大胆、地有多大产的历史悲剧就有可能重演。因此，解放思想、把握规律是我们团结一致顺利实现全面深化改革宏伟目标的基本保证。

三、继续解放思想，推进全面深化改革进程

推进全面深化改革必须以继续解放思想为先导，但继续解放思想只有与当今最新时代特征和中国国情正确结合，才能发挥出应有的作用。为此，继续解放思想，推进全面深化改革必须遵循正确的原则。

---

① 《邓小平文选》第3卷，北京：人民出版社1993年版，第31页。

② 《习近平关于全面深化改革论述摘编》，北京：中央文献出版社2014年版，第3页。

首先，继续解放思想必须与全面深化改革的方向相一致。方向决定道路，道路决定命运。习近平同志明确指出，“我们当然要高举改革旗帜，但我们的改革是在中国特色社会主义道路上不断前进的改革，既不走封闭僵化的老路，也不走改旗易帜的邪路”。[①] 因此，继续解放思想必须有利于社会主义制度的巩固和发展而不是相反。为此，在指导思想上必须坚持和巩固马克思主义及其中国化理论的指导地位，以马克思主义及其中国化的理论成果统领各种社会思潮的发展，在包容并蓄的基础上对这些思潮进行批判地分析，取其精华去其糟粕。在经济制度上必须坚持公有制经济主体地位和国有经济主导作用不动摇。要坚信只要操作得法，公有制完全能够比私有制更适合市场经济的发展，使公平与效率得到更好的结合。要在坚决反对和抵制各种私有化主张的基础上，吸收其中的有益成分为我所用。在政治制度上，要坚定不移走中国特色社会主义政治发展道路。对于“国家的根本制度和根本任务，国家的领导核心和指导思想，工人阶级领导的、以工农联盟为基础的人民民主专政的国体，人民代表大会制度的政体，中国共产党领导的多党合作和政治协商制度、民族区域自治制度以及基层群众自治制度，爱国统一战线，社会主义法制原则，民主集中制原则，尊重和保障人权原则，等等”[②] 都必须长期坚持、全面贯彻、不断发展。决不照搬西方的政治发展模式。在此基础上积极稳妥地推进政治体制改革，充分发挥社会主义制度的优越性。

其次，继续解放思想必须与发挥人民主体作用相结合。全面深化改革是一项复杂的系统工程，难度大，任务重。解放思想只有继续走好群众路线，才能获得源源不断的智慧和力量。为此，必须实践好党的宗旨。习近平同志在谈到党群关系时曾多次引用郑板桥的小诗：“衙斋卧听萧萧竹，疑是民间疾苦声。些小吾曹州县吏，一枝一叶总关情。”这

① 《习近平关于全面深化改革论述摘编》，北京：中央文献出版社 2014 年版，第 14 页。
② 《习近平关于全面深化改革论述摘编》，北京：中央文献出版社 2014 年版，第 68 页。

就告诉我们，改革过程中遇到关系复杂、难以权衡的利益问题时，要认真想一想群众实际情况究竟怎样？群众到底期待什么？群众利益如何保障？群众对我们的工作是否满意？改革只有为了群众，才能得到群众的支持和拥护。必须宣传好群众。俗话说，人心齐，泰山移。加强对改革的正面宣传和舆论引导，及时回答干部群众关心的重大思想认识问题，就能统一思想，凝聚共识，为顺利推进改革营造良好的社会环境。还必须组织好群众。要广泛听取群众意见和建议，及时总结群众创造的新鲜经验，充分调动群众推进改革的积极性、主动性、创造性，把最广大人民群众的智慧和力量凝聚到改革上来，同人民一道把改革推向前进。

再次，继续解放思想必须与敢闯敢干的时代精神相统一。我国改革开放的一条重要经验就是敢闯敢干。邓小平同志在南方谈话中指出："改革开放胆子要大一些，敢于试验，不能像小脚女人一样。看准了就大胆地试，大胆地闯。深圳的重要经验就是敢闯。没有一点闯的精神，没有一点'冒'的精神，没有一股子气呀、劲呀，就走不出一条好路，走不出一条新路，就干不出新事业。"① 在全面深化改革的新阶段，习近平同志进一步指出："现在，推进改革矛盾多、难度大，但不改不行。我们要拿出勇气，坚持改革开放正确方向，敢于啃硬骨头，敢于涉险滩，既勇于冲破思想观念的障碍、又勇于突破利益固化的藩篱，做到改革不停步，开放不止步。"② 可以说，敢闯敢干是推动改革不断前进的重要精神力量，没有这种勇气和魄力，全面深化改革很难往前推进。当然，敢闯敢干不是瞎闯蛮干，蛮干一定会导致瞎折腾。发挥主观能动性必须以尊重客观规律性为前提，敢闯敢干也必须以"看准"为条件。这就要解决好胆子大与步子稳的关系。实践证明，"摸着石头过河"是解决这一问题的好办法，必须在全面深化改革过程中

① 《邓小平文选》第3卷，北京：人民出版社1993年版，第372页。
② 《习近平关于全面深化改革论述摘编》，北京：中央文献出版社2014年版，第30页。

继续坚持，同时，还要结合新的实践不断对它进行发展和完善，以使其更好地发挥作用。

（作者简介：侯国亮，男，潍坊学院马克思主义学院讲师）

新时代大学思政教育的路径研究*

习近平总书记在全国高校思想政治工作会议上指出："思想政治工作从根本上说是做人的工作，必须围绕学生、关照学生、服务学生，不断提高学生思想水平、政治觉悟、道德品质、文化素养，让学生成为德才兼备、全面发展的人才"①。可以说，思想政治理论课承担着对大学生进行系统的马克思主义理论教育的任务，大学思政教育效果的重要标准是要增强大学生获得感。当前，习近平新时代中国特色社会主义思想是思政教育要全面宣传贯彻的重要内容，新时代大学生思想政治教育，要充分运用这一思想作为解决思想和现实问题的指导，真正让学生学懂弄通，从而进一步增强思政课堂教学的获得感。

一、习近平新时代中国特色社会主义思想提升思政课堂获得感的主要方面

（一）有助于明确思政教育的教学目的，提高学生的思想水平

大学时期是学生的人生观、价值观、责任观、就业观、恋爱观等观

---

* 基金项目：山东省高校人文社会科学研究计划项目（思想政治教育专题研究 J17ZC54）的阶段性成果。

① 《把思想政治工作贯穿教育教学全过程 开创我国高等教育事业发展新局面》，载《人民日报》，2016 年 12 月 9 日，第 1 版。

念形成的关键时期，也是个体成熟的重要阶段，学生容易出现这样或那样的迷茫、不知所措，甚至错误。思政教育就是指导大学生树立正确的人生观念，因此在教学的内容和形式上必须真正把握学生的需求，将关注思想问题和解决实际问题结合起来，从思想和实践等层面帮助学生解决思想的困惑以及成长中的问题。

习近平新时代中国特色社会主义思想是新时期中国共产党人把握历史规律，顺应人民期盼，在继承和发展马克思主义思想的基础上，针对当今中国和世界的重大理论实践问题，提出了“五位一体”的总体布局和“四个全面”战略布局等一系列制度安排，是党和人民集体智慧的结晶，是马克思主义中国化的最新成果。

大学生容易受到错误思想的影响，把习近平新时代中国特色社会主义思想融入大学生思政教育中，能够化解大学生的一些不正确认知，帮助大学生树立正确的人生观、价值观和责任意识，提高大学生的思想认知水平，树立较为积极的人生态度，增强对国家命运、民族观的认同，从而获得思想的获得感。

（二）有助于把握思政教育的本质属性，增强大学生的政治觉悟

“大学生想要成为‘合格的学生’、‘合格的职员’、合格的公民’，政治合格是底线要求，而做到政治合格首先就需要时刻保持清醒的政治头脑，做政治上的明白人”①。社会主义的政治性是高校思想政治理论课的本质属性。思政教育的教学目的和教学内容，应当全面反映以马克思主义为指导地位的社会主义意识形态的基本要求，通过理想信念教育让大学生获得共产主义理想的指引，使个人理想追求不偏离共产主义远大理想，个人志向不偏移政治导向，在大是大非面前能够保持坚定的政治

---

① 郭超、王兮胜：《高校思想政治教育要让大学生有获得感》，载《华北电力大学学报（社会科学版）》，2017 年第 12 期。

立场和政治信仰。

“习近平新时代中国特色社会主义思想是我们党在中国特色社会主义新时代举什么旗、走什么路的政治宣言，是夺取新时代中国特色社会主义伟大胜利的行动纲领，系统规划了今后30多年实现‘两个一百年’奋斗目标、实现中华民族伟大复兴中国梦的‘总蓝图’和‘时间表’、‘路线图’、‘施工图’，开启了全面建设富强民主文明和谐美丽的社会主义现代化强国新征程”①。大学生作为青年群体的重要组成部分，是国家宝贵的人才资源。习近平总书记在北京大学师生座谈会上的讲话中指出：“大学是立德树人、培养人才的地方，是青年人学习知识、增长才干、放飞梦想的地方”②。当前我们所处的新时代，是大学生不容辜负的新时代。

把习近平新时代中国特色社会主义思想融入思政教学，为思想政治教育实践和改革指明了正确方向和根本遵循。思政课程能让大学生及时获得对党情、国情和世情的清醒认识，帮助学生在国家建设和民族复兴的时代坐标中思考人生定位、确立人生目标、明确努力方向，增强对党和政府的信任感和认同感，做一个遵纪守规、知法守法的社会公民，自觉承担起新时代赋予青年一代的光荣使命。

（三）有助于推动社会主义核心价值观教育，提升学生的道德水平

习近平总书记在多次讲话中指出要特别注重道德的作用，强调“国无德不兴，人无德不立”。道德成熟是个体成才的先决条件，也是个人成熟的标识。大学生即将步入社会，成为社会建设和管理的中坚力量，其思想道德水平直接影响到全社会的道德水平，也直接关系到全面小康

---

① 高燕：《深刻认识习近平新时代中国特色社会主义思想的重大意义》，载《淮南日报》，2018年1月3日。

② 《在北京大学师生座谈会上的讲话》，载《人民日报》，2018年5月3日，第1版。

社会的建设，关系到社会主义现代化建设。

党的十八大以来，党中央十分注重道德建设。习近平总书记曾多次指出，道德是社会关系的基石，是人际和谐的基础。培育正确的道德观念，能引导人们向往和追求高质量的生活，形成全社会向上、向善的力量。习总书记在多次讲话中强调，要把弘扬中华民族传统美德和弘扬社会主义核心价值观作为极为重要的战略任务，为中国梦的实现提供有力道德支撑和道德力量。把习近平新时代中国特色社会主义思想融入大学生思政教育，不仅能够让大学生获得必要的道德规范，从而理解讲道德的必要性，明白全社会应该形成怎样的道德规范，更能让大学生获得道德选择和道德实践的能力，真正学会如何形成全社会讲道德的良好氛围。唯有如此，当大学生面临道德冲突、道德两难、道德悖论等境遇时，就会少一些迷茫、尴尬、困惑，多一些清醒、从容、自信。

（四）有助于凝聚社会共识，形成共同的奋斗目标

目前，我国正处于全面深化改革开放阶段，人们的价值观多元化的趋势越来越明显，特别是随着互联网技术的发展，青年学生在接受多元文化熏陶的同时，也逐渐迷失于信息爆炸的困境。思政教育的公信力在很大程度上体现学生对思政教育的价值认同感，这直接影响思政教育的实际效果。

党的十九大报告中提出的“八项重点任务”，其中的“坚持社会主义核心价值体系”明确提出“必须牢固树立共产主义远大理想和中国特色社会主义共同理想，培育和践行社会主义核心价值观，更好构筑中国精神、中国价值、中国力量，为人民提供精神指引”①。预防性的引导工作必须要做，要让学生们学会区别虚拟社会和现实社会，明确这两者之间的联系与区别，不能沉浸于不现实的虚幻世界中。无论是国家还是个

① 《决胜全面建成小康社会 夺取新时代中国特色社会主义伟大胜利》，载《人民日报》，2017年10月19日，第1版。

人，都有希望得到价值认同的需求。从国家方面说，社会成员要自愿接受、遵从社会的主流思想和价值观念，寻求全社会共同奋斗的“最大公约数”，从而形成价值和奋斗共同体，凝心聚力，夯实统治的思想基础。在个人层面，通过外界对自己的认可，以此获得价值标尺和心灵罗盘，评判自己和别人的价值行为，定位人生发展，确认自己的价值目标。当前，社会主义核心价值观就是需要全社会共同遵循价值观。

在思政教育中，对大学生进行社会主义核心价值观教育，能够帮助大学生形成正确的义利观，将利己与利他、“小我”与“大我”统一起来，自觉在生活、学习中自觉践行社会主义核心价值观。当大学生真正接受并认同社会主义核心价值观，收获的不只是简单的价值规范，还有理性的价值选择，公允的价值评价，坚定的价值信仰。

（五）有助于拓展思政教育，提升大学生文化素养

青年有理想，国家才能有前途，民族才能有希望。当代国人在享受社会转型带来的物质财富的同时，面临着严峻的“精神危机”。思想多元、道德失范、意义失落、价值迷茫、信仰缺失使人们变得灵魂无处安放，很多心灵叩问难觅答案。文化是一个民族的灵魂，思政教育的核心目的不是教人谋生的本领，而是让学生觉得生活是可以幸福的，心灵是可以充实的。

党的十九大报告中，习近平总书记指出：“站立在九百六十多万平方公里的广袤土地上，吸吮着五千多年中华民族漫长奋斗积累的文化养分，拥有十三亿多中国人民聚合的磅礴之力，我们走中国特色社会主义道路，具有无比广阔的时代舞台，具有无比深厚的历史底蕴，具有无比强大的前进定力。”细细品读习近平的讲话精神，不忘本来、吸收外来、面向未来，推动中华优秀传统文化创造性转化、创新性发展，继承革命文化，发展社会主义先进文化。把习近平新时代中国特色社会主义思想融入大学生思政教育，注重以文化人育人，深入实施中华优秀传统文

化、革命文化、社会主义先进文化教育，能帮助大学生获得独特的精神力量，增强文化素养。

二、自觉把习近平新时代中国特色社会主义思想融入思政教学的路径研究

中国特色社会主义进入新时代，对思政教育提出更高要求，要把习近平新时代中国特色社会主义思想融入思政教学，全面推动习近平新时代中国特色社会主义思想进教材进课堂进学生头脑，不断增强思政教育的获得感。

（一）加大对发展成就内容的教学

改革开放以来，我国经济和社会发展取得了巨大进步和成就。特别是党的十八大以来，党中央不断发展马克思主义，根据不断变换的国际国内形势，顺应人民的期望和要求，科学制定了“五位一体”总体布局，出台了一系列重大方针政策，取得了举世瞩目的重大成就，把我国的现代化建设推进到新的发展阶段。把发展成就融入课堂教学，可以让学生清晰地看到祖国日新月异的发展成就，可以清楚地感受到生活的日新月异，增强生活、学习的获得感。

（二）加大对发展前景内容的教学

随着改革和发展的不断深入，特别是在十九大精神和习近平新时代中国特色社会主义思想的指导下，党带领全国人民，从经济、政治、文化、社会、生态文明等方面科学布局，统筹推进“五位一体”总体布局，克服了一系列困难和挑战，我国经济继续保持了中高速增长，经济总量和发展质量不断向好，人民生活水平和社会的全面进步不断提升。通过把发展光明前景融入思政教学，可以让学生明确国家未来的发展方

向和发展目标，增强对未来发展前景的理论自信、制度自信、道路自信、文化自信，并明确自身所肩负的责任。

（三）加大我国影响力的内容教学

思政课程，特别是《毛泽东思想》、《中国近现代史纲要》等课程，包含了鸦片战争以后，中国从一个独立的封建国家，逐渐沦为帝国主义的附庸，再到独立自主的过程，中国的国际影响力不断增强。特别是改革开放后，中国的经济实力和对全球经济的贡献率不断提升，成为世界第二大经济体，对全球经济增长的贡献率基本占据世界第一。十八大以来，在全球经济发展疲软的情况下，我国仍然保持了较快增强，对世纪经济的影响力不断提高。特别是美国次贷危机之后，我国提出了“一带一路”倡议，目前全球已经有100多个国家和国际组织支持和参与，“一带一路”倡议成为当前国际经济发展机制的重要补充。中国经济转型升级为世界经济发展提供新的经验，这为处于低谷中的世界经济提供了中国模式和中国方案。中国的国际地位和国际影响力也不断攀升。把我国国际影响力的全面提升融入思政教学，能让当代大学生准确把握世界大势和四个自信，不断增强民族自豪感、自信心和获得感。

（四）加大党的领导内容的教学

“只有中国共产党才能救中国，只有中国共产党才能发展中国。”中国共产党仅用了28年的时间，就将一个半殖民地半封建的旧国家，变成了独立自主的新中国，并迅速完成了社会主义改造，建立了社会主义国家，人民真正成为国家的主人。1978年，党又作出了改革开放伟大决策，逐步实现了中国人从站起来到富起来的伟大转折。中国共产党始终坚持持发展为了人民的宗旨，不断增进人民福祉，把实现好、维护好、发展好最广大人民根本利益作为发展的根本目的。始终坚持共同富裕的理念，深入实施“精准扶贫”战略，坚持发展成果由人民共享，发展成果要真正惠及全体人民。加强党的宗旨和党为人民谋利益方面的内容教学，能够激发学生热爱党、支持党、拥护党的重要性认识，自觉与党中央保持一致，做到“两个维护”，为实现中国梦而努力奋斗。

（五）加大对解决问题内容的教学

每个时代都面临不同的问题，每一代大学生也会出现不同的思想和现实问题，而解决这些问题和矛盾都需要新的思想指导和方法指引。中国特色社会主义进入新时代，习近平新时代中国特色社会主义思想就是我们解决这些问题和矛盾的指导思想和根本遵循。要通过把改革开放中面对的、解决问题内容融入思政教学，帮助学生在真正理解和领会习近平新时代中国特色社会主义思想的科学内涵和精神实质的基础上，自觉运用马克思主义科学的世界观和方法论分析问题和解决问题，运用马克思主义中国化的最新理论成果武装自己的头脑，并回答和解决社会主义现代化建设和自身学习生活中出现的新问题。

三、结束语

习近平总书记在全国高校思想政治工作会议上强调：“高校思想政治工作关系高校培养什么样的人、如何培养人以及为谁培养人这个根本问题”[①]。因此，思想政治课与其他专业课具有很大的不同，就是它不仅仅是传授基础知识，更重要的是做学生的思想工作，要将党和国家的政治主张和理论变为学生的价值理念和行为自觉，达到内化于心、外化于行的效果，培养合格的社会主义事业的建设者接班人。“高校要把加强马克思主义学习宣传作为重要职责，让马克思主义主旋律唱得更响亮”。

总之，新时代要实现习近平新时代中国特色社会主义思想“进教

① 《把思想政治工作贯穿教育教学全过程 开创我国高等教育事业发展新局面》，载《人民日报》，2016年12月9日，第1版。

材、进课堂、进头脑”，发挥思政课主渠道作用，提升思政教育的吸引力和针对性，使青年学生能够学有所获、学有所用，增强学生在思政理论课堂内和课堂外的获得感，任重道远，意义重大。

参考文献

[1]《习近平谈治国理政》，北京：外文出版社2017年版。

[2] 曹清燕：《思想政治教育目的研究——基于马克思主义人学视角》，北京：中国社会科学出版社2011年版。

[3] 查朱和：《思想政治理论课教学实效性论析》，载《思想教育研究》，2011年第4期。

[4] 林春芳、徐欢：《社会热点融入思政理论课教学的价值探究》，载《学理论》，2018年第11期。

[5] 房广顺、李鸿凯：《以大学生获得感为核心提升思想政治理论课教学质量》，载《思想理论教育》，2018年第2期。

（作者简介：温洪玉，女，潍坊学院马克思主义学院讲师）

关于培育和践行社会主义核心价值观的四个基本问题

社会主义核心价值观是社会主义核心价值体系和意识形态的灵魂、精神内核和本质体现，是形成全社会共同的理想信念和道德规范的精神纽带。胡锦涛同志在十八大报告中指出：“倡导富强、民主、文明、和谐，倡导自由、平等、公正、法治，倡导爱国、敬业、诚信、友善，积极培育和践行社会主义核心价值观。”积极培育和践行社会主义核心价值观，是社会主义核心价值体系和先进文化建设的核心和客观要求。

一、坚持马克思主义在培育和践行社会主义核心价值观中的指导地位

改革开放以来，随着经济体制的深刻变革、社会结构的深刻变动和利益格局的深刻调整，社会思想观念和价值取向也日趋多元，呈现出多样化的特点。特别是苏东剧变、社会主义处于低潮以后，我国也出现了某种程度的“信仰危机”。作为我国主流意识形态的马克思主义的主导地位和指导作用受到了前所未有的挑战。

培育和践行社会主义核心价值观，根本和关键在于坚持马克思主义的指导地位，构建社会主义的核心话语体系。只有坚持马克思主义在意

识形态领域中的指导地位，才能建立、巩固和发展社会主义，才能不断统一人们的思想和意志，凝聚人们的精神和力量。马克思主义指导思想是社会主义意识形态的本质体现，是中国特色社会主义的基本精神依托。如果没有马克思主义的指导，全党和全国人民就会失去团结奋斗的共同思想基础，中国特色社会主义就会失去灵魂和方向。

马克思主义之所以能够真正成为挑战资本主义价值观和意识形态的精神力量，就在于它在立足于揭示资本主义内在矛盾的同时，形成了可以指导改变世界的实践活动的思想体系和话语体系。马克思主义破除了意识形态的普遍性幻觉，揭示了意识形态与阶级利益诉求的内在一致性，把占统治地位的思想观念还原为统治阶级意识。马克思主义否定了资产阶级的普遍性观念和普遍性话语，用新的阶级意识对抗占统治地位的意识形态，为建立更加真实有效的价值观念奠定了基础。与一切试图模糊和掩盖服务自身利益的剥削阶级思想不同，马克思主义公开宣称它是无产阶级的思想体系。无产阶级只有解放全人类才能最后解放自己，无产阶级的特殊历史地位和历史使命，决定了无产阶级与最广大人民的根本利益是完全一致的，与社会主义的性质和历史使命是根本一致的。马克思主义在揭示人类社会发展本质规律的基础上，提出了无产阶级的革命目标——用自由人联合体代替阶级对立的社会，实现人的自由而全面的发展。马克思主义的全部理论都是围绕着如何使人摆脱剥削、压迫和异化，实现人的自由、解放和全面发展而展开的，并把实现人的自由、解放和全面发展视为无产阶级和人类奋斗的价值理想和目标。

马克思主义是无产阶级进行斗争的思想体系，是无产阶级争取自身解放以及全人类解放的科学理论。只有以马克思主义理论为指导，才能把资本主义价值观的普遍性话语改造为符合工人阶级和广大人民群众利益的价值诉求，用马克思主义的语言对其重新加以解释，在国际社会建立自己的话语权。马克思主义为中国特色社会主义的发展和完善提供了思想根基，指引着全党全国各族人民沿着中国特色社会主义道路奋勇前进。

二、坚持社会主义以人为本的核心价值取向

马克思主义的人的自由全面发展理论，亦即以人为本的价值取向，是社会主义这一新的社会形态的核心价值取向，是消除物役、消除人役，实现人的彻底解放、人的真正自由的根本途径，也是把社会、公民凝聚在社会主义这面旗帜下的精神力量和精神纽带。

马克思通过分析人与自然、社会以及人自身的关系，揭示了人的发展的历史线索，他按照人的发展状态来界定社会发展的阶段，指出人的现实存在状况或者人的发展状态经历了这样三个阶段："人的依赖关系(起初完全是自然发生的)，是最初的社会形态，在这种形态下，人的生产能力只是在狭窄的范围内和孤立的地点上发展着。以物的依赖性为基础的人的独立性，是第二大形态，在这种形态下，才形成普遍的社会物质变换，全面的关系，多方面的需求以及全面的能力的体系。建立在个人全面发展和他们共同的社会生产能力成为他们的社会财富这一基础上的自由个性，是第三个阶段。第二个阶段为第三个阶段创造条件。"① 这三个历史阶段的划分体现出人的自由发展的否定之否定的辩证规律。

资本主义社会以物的依赖性为基础的人的独立性相比于前资本主义社会人的依赖关系是一大进步，但它并不是真正的独立性和自由个性，只是实现自由个性的基础和前提。这种社会形态中，人仍然没有真正的独立性，具有真正的独立性和个性的是"物"（资本）。资产阶级的拜物教意识形态和拜金主义价值原则，必然导致把物质财富和金钱看作人生的根本目的，把物质享受看作人生的首要价值，见物不见人。资本主义社会是物的依赖性的阶段。资产阶级也讲抽象的人本主义，但它那种人本主义实际上是以物为本。马克思揭示了资产阶级人本主义的虚伪性：

---

① 《马克思恩格斯全集》第46卷（上)，北京：人民出版社1979年版，第104页。

“把人贬低为一种创造财富的‘力量’，这就是对人的绝妙的赞扬！资产者把无产者不是看作人，而是看作创造财富的力量。”① 人类社会的发展是一个从低级到高级的过程，人的发展也是一个从不自由到自由，从不全面到全面的过程，人的发展的最终结果是自由而全面发展。马克思“自由人的联合体”的未来社会必须要超越“以物为本”的物化社会，把人从对物的依赖关系中解放出来，实现人的自由全面发展和自由个性。在新的历史条件下，摆脱一切“物”对一切“人”的统治，实现人的能力和个性的自由发展，才是人类自由的最高境界。未来共产主义社会中人的自由而全面发展是对资本主义及其以前的社会中人的存在状态的全面超越。

党的新一届领导集体提出科学发展观的核心是以人为本，不仅强调了人在经济社会发展中的主体地位，而且把最广大人民群众根本利益的满足和人的全面发展作为经济社会发展的根本价值取向。人总是处在一定历史条件和社会关系中的具体的人。作为科学发展观核心的以人为本，强调的是以现实的具体的人为本，也就是强调把最广大人民群众的根本利益作为我们党一切工作的出发点和落脚点。只有确立以人为本的发展理念，小康社会的全面、协调、可持续发展才拥有明确的目标，也只有推进人的全面发展，才能给小康社会的全面、协调、可持续发展提供不竭动力。以人为本是马克思主义价值观的核心理念，是我们党领导社会主义革命、建设和改革历史经验的科学总结，表明我们党对人类社会发展规律、社会主义建设规律和共产党执政规律的认识达到了一个新高度。科学发展观将“以人为本”作为社会主义发展的本质与核心，使人的自由全面发展与经济社会的全面、协调、可持续发展有机统一起来。

在实现中华民族伟大复兴的中国梦的历史条件下，最广大人民不仅

① 《马克思恩格斯全集》第42卷，北京：人民出版社1979年版，第262页。

仅包括广大的工人、农民、知识分子，而是包括全体社会主义劳动者、社会主义事业的建设者、拥护社会主义的爱国者、拥护祖国统一的爱国者在内的最广泛的爱国统一战线。

三、坚持社会主义核心价值观的基本价值原则

培育和践行社会主义核心价值观，就必须坚持社会主义核心价值观的三个基本价值原则，即爱国主义、集体主义和社会主义。爱国主义原则是社会主义核心价值观的民族性导向；集体主义原则是社会主义核心价值观的核心本位；社会主义原则是社会主义核心价值观的共同理想和根本导向。

爱国主义作为民族精神的集中体现，是规范每个公民与国家关系的重要价值原则，是维系我国各民族群众的自尊心、归宿感和责任感的基本价值认同。邓小平同志明确指出："中国人民有自己的民族自尊心和自豪感，以热爱祖国，贡献全部力量建设社会主义祖国为最大光荣，以损害社会主义祖国利益、尊严和荣誉为最大耻辱。"① 爱国主义不是狭隘的民族主义。要始终坚持把爱国主义作为社会主义价值观的基本原则，充分发挥爱国主义能够最大范围地凝聚力量的优势，使爱国主义成为统一人们意志、增强民族凝聚力的共同思想情感基础。

爱国主义是实现全国人民大团结的重要思想基础，是新时期团结和调动最广泛社会力量的精神力量和思想源泉，是推动中国特色社会主义伟大事业和中华民族伟大复兴的强大精神动力。胡锦涛同志指出，以爱国主义为核心的民族精神，是我们不断开辟新征程、开创新未来的不竭精神动力。全球化过程中，西方资本主义国家一直在对我国进行价值观念和意识形态的渗透，爱国主义仍是当代维系民族国家政治合法性的重要保障。在当代中国，爱国主义和社会主义在本质上是统一的，爱国主

---

① 《邓小平文选》第3卷，北京：人民出版社1993年版，第3页。

义是中国特色社会主义事业的力量源泉，而社会主义则是爱国主义不断发展的方向保证。邓小平指出："必须发扬爱国主义精神，提高民族自尊心和自信心。否则我们就不可能建设社会主义，就会被种种资本主义势力所侵蚀腐化。"①

社会主义以公有制为主体的经济基础以及由此决定的社会利益结构反映在意识形态上，必然要求价值与道德观念上的集体主义与之相适应，必然要以集体主义为指导，正确处理国家、集体和个人之间的利益关系。社会主义的集体主义原则是社会化大生产的产物，它反映的是工人阶级和劳动人民在社会化大生产基础上的联合。只有集体主义价值原则才能真正代表中国社会主义初级阶段的发展方向。

社会主义的集体主义并不否定个人利益和个人需要，而是认为只有通过社会主义社会整体利益的满足，才能使个人利益得到实现和满足。集体主义以历史唯物主义为基础，强调社会本位和人的社会性，强调个人是社会有机体的一个内在组成部分，个人只能在社会历史的大背景下发展自己。集体主义强调集体利益和社会利益是个人价值选择的基点，个人价值选择从根本上说要以集体利益和社会利益为标准。集体主义不是抽象谈论人的本性、人与人之间的利益关系，而是从社会主义社会的经济和政治制度出发，高度概括处理社会各种利益关系的指导性原则。

社会主义是取代资本主义而出现的崭新的社会形态。社会主义的生产关系是适应发达的社会大生产建立起来的共同所有的生产关系，适应生产力发展的需要，使得原来被束缚的生产力获得了解放。社会主义是人类历史上第一个以追求经济平等作为政治平等、社会平等基础的社会制度，是一个以追求事实平等为最终目标的社会制度。社会主义就是在生产力高度发展的基础上实现社会全体成员才能的全面发展和共同富裕，这是社会主义所要达到的最高价值目标。

---

① 《邓小平文选》第2卷，北京：人民出版社1993年版，第369页。

民主、自由、平等、公正、法治等不是资本主义的专利，社会主义完全能够创造出比资本主义更高层次的民主、自由、平等、公正、法治。也只有社会主义，才能实现真正意义上的民主、自由、平等、公正、法治，即与最广大人民群众根本利益、长远利益、整体利益相一致的民主、自由、平等、公正、法治。民主、自由、平等、公正、法治的核心是实现劳动人民当家作主；基本前提是社会主义公有制。要从根本上实现民主、自由、平等、人权，基本条件是推翻剥削阶级统治，实现劳动人民共同占有生产资料和人民当家作主。社会主义为人类社会实现民主、自由、平等、公正、法治提供了根本的制度保障和广阔的发展空间。消灭剥削，消除两极分化，最终达到共同富裕，是社会主义的价值目标，也是社会主义区别资本主义的本质所在。“社会主义的目的就是要全国人民共同富裕，不是两极分化。如果我们的政策导致两极分化，我们就失败了；如果产生了什么新的资产阶级，那我们就真是走了邪路了。”①

四、坚持为培育和践行社会主义核心价值观构建坚实的社会现实基础

马克思认为，人们的价值观念、伦理观念归根到底是当时社会的经济状况的产物。马克思指出：“这些个人所产生的观念，或者是关于他们对自然界的关系的观念，或者是关于他们之间的关系的观念，或者是关于他们自身的状况的观念。显然，在这几种情况下，这些观念都是他们的现实关系和活动、他们的生产、他们的交往、他们的社会组织和政治组织有意识的表现，而不管这种表现是现实的还是虚幻的。……如果这些人的现实关系的有意识的表现是虚幻的，如果他们在自己的观念中

① 《邓小平文选》第3卷，北京：人民出版社1993年版，第110—111页。

把自己的现实颠倒过来，那么这还是由他们的物质活动方式的局限性以及由此而来的他们狭隘的社会关系所造成”。[①] 要培育和树立某种观念和意识，只有构建产生这种观念和意识的基础、巩固这种观念和意识赖以存在的条件，而不是靠理论上的说教。只有在“狭隘的物质活动方式以及由此而来的狭隘的社会关系”被根本改变了的时候，即只有在生产方式的狭隘性和现实社会关系的异化被根本改变了的时候，意识形态的虚假性才会被根本克服，社会主义核心价值观才能培育起来。马克思指出：“意识的一切形式和产物不是可以通过精神的批判来消灭的，不是可以通过把它们消融在‘自我意识’中或化为‘幽灵’、‘怪影’、‘怪想’等等来消灭的，而只有通过实际地推翻这一切唯心主义谬论所由产生的现实的社会关系，才能把它们消灭。”[②]

社会主义制度的建立，从根本上废除了资本主义的剥削制度，消灭了社会不民主、不平等、不自由、不公平、非正义的制度根源。社会主义制度从政治、经济、文化诸方面确立了人民当家作主，为实现社会主义民主、自由、平等、公正、法治奠定了根本的政治前提和制度基础。

在经济领域，我国确立并完善了以社会主义公有制为主体、多种所有制经济共同发展的基本经济制度。我们建立和完善了社会主义市场经济体制，这是符合社会主义初级阶段生产力水平和发展要求的。社会主义和市场经济体制的有效结合，既有效调动市场主体的积极性和创造性，解放和发展了生产力，又坚持社会成员在社会主义制度下走共同富裕之路。社会主义市场经济体制为实现社会成员的自由和平等提供了巨大的空间。经济发展成果普遍地惠及于广大人民，有效地保证了人民群众的生存权和发展权，为进一步发展社会主义民主、自由、平等、人权提供了最根本的经济基础。

在政治领域，我们始终坚持四项基本原则，坚持和完善人民代表大

---

① 《马克思恩格斯选集》第1卷，北京：人民出版社1995年版，第72页。
② 《马克思恩格斯选集》第1卷，北京：人民出版社1995年版，第92页。

会制度、中国共产党领导的多党合作和政治协商制度、民族区域自治制度、基层群众自治制度，积极稳妥地推进政治体制改革，建设社会主义政治文明，实现了人民当家作主，为社会主义的民主、自由、平等、人权提供了根本政治制度保障。我国政治体制改革的性质是“社会主义制度的自我完善和发展”，而不是要向西方国家的政治制度靠拢，同它们“接轨”。社会主义民主的实质是党的领导、人民当家作主和依法治国的有机统一。社会主义民主使中国人民真正实现了当家作主。在党的十七大报告中，胡锦涛明确指出：“人民当家作主是社会主义民主政治的本质和核心。要健全民主制度，丰富民主形式，拓宽民主渠道，依法实行民主选举、民主决策、民主管理、民主监督，保障人民的知情权、参与权、表达权、监督权。”①

在文化上，我们坚持马克思主义在意识形态领域中的指导地位，广泛吸取传统文化和外来文化的优秀成果，使我国文化事业发展呈现出欣欣向荣的景象。随着我国社会主义市场经济体制的建立，社会主义民主政治深入发展，依法治国方略扎实贯彻，社会主义文化更加繁荣，人民群众的政治参与积极性不断提高，民主法治意识越来越强，自由平等观念日益深入到现实生活之中，社会主义民主法治、自由平等、公平正义理念逐渐树立。我们提出了构建社会主义核心价值体系，以此来引领人们的思想和行为，形成强有力的精神支柱和精神力量。

在社会建设上，坚持和完善社会主义民主、自由、平等、人权，是中国特色社会主义发展的重要成果和任务。我国仍处于并将长期处于社会主义初级阶段，这是我们最大的国情。社会主义民主法治、自由平等、公平正义的实现必须同我国经济社会发展阶段相适应，同生产力发展水平相适应，同生产关系变革相适应。在中国特色社会主义的道路上，中国共产党人坚持以马克思主义的民主观、自由观、平等观、人权

---

① 《高举中国特色社会主义伟大旗帜，为夺取全面建设小康社会新胜利而奋斗》，北京：人民出版社2007年版，第29页。

观为指导，紧密结合中国国情，着眼于社会主义政治文明的新发展，以保证人民当家作主为根本，以调动人民积极性为目的，领导全体人民共同建设民主法治、公平正义、诚信友爱、充满活力、安定有序、人与自然和谐相处的社会主义和谐社会。

积极培育和践行社会主义核心价值观，需要坚持马克思主义在培育和践行社会主义核心价值观中的指导地位，坚持社会主义以人为本的核心价值取向，必须坚持社会主义核心价值观的三个基本价值原则，即爱国主义、集体主义和社会主义，必须坚持为培育和践行社会主义核心价值观构建坚实的社会现实基础，才能用社会主义核心价值观整合和引领多样化的社会思潮，最大限度地凝聚社会思想共识和民族精神。

（作者简介：徐建文，男，潍坊学院马克思主义学院讲师）

五四精神及其对当代青年思想政治教育价值研究

五四运动是1919年5月4日发生在北京的一场以青年学生为主，广大群众、市民、工商人士等中下阶层共同参与的，通过示威游行、请愿、罢工、暴力对抗政府等多种形式进行的爱国运动，是中国人民彻底的反对帝国主义、封建主义的爱国运动。2019年5月4日是五四运动100周年纪念日。

一、五四精神的内涵

五四运动的爆发，直接催生了“五四精神”，其核心是爱国、进步、民主、科学，正是由于具有这种精神，五四运动具有重要的历史意义。

爱国主义精神是五四精神的核心。是千百年来固定下来的对自己祖国的一种最深厚的感情。它同为国奉献、对国尽责紧紧地联系在一起。中华五千年历史，培育出了独特的爱国主义精神。爱国主义精神深深植根于全体中国人心中，是中华民族的精神基因，维系着华夏大地上各个民族的团结统一，激励着一代又一代中华儿女为祖国发展繁荣而不懈奋斗。5000多年来，中华民族之所以能够经受住无数难以想象的风险和考验，始终保持旺盛生命力，生生不息，薪火相传，同我们民族有着深厚的爱国主义传统是密不可分的。2018年5月2日，习近平总书记在北京大学师生座谈会上的讲话中说："爱国，是人世间最深层、最持久的情感，是一个人立德之源、立功之本。" 1919 年的五四运动，是对爱国主义最好的诠释。面对民族危亡，中国人民的爱国主义精神被极大激发出来。五四运动的杰出的历史意义是，它采取的姿态是辛亥革命从未有过，就是不妥协地反对帝国主义和封建主义。五四爱国运动的胜利证明，爱国主义具有很强的吸引力和感染力。

追求进步，是五四精神的本质。20 世纪初，中国处于前所未有的黑暗和混乱的时代。第一次世界大战刚刚结束，由英国主导的巴黎和会召开，美国、法国、日本和意大利，决定接管德国在山东的特权，北洋政府准备接受这种屈辱的决定。青年们听说这个消息，十分愤慨，他们举行游行、集会、示威，火烧赵家楼。爱国青年们表现出的不畏强权、谋求国家和民族平等的进步精神，令人感叹。在他们身上，我们看到了当时青年的宝贵品质：敢为人先，追求进步！

随着斗争的深入，大批青年学生深入到人民大众之中，开展宣传鼓动工作，到后来，这场爱国运动扩大渗透到工人阶级、城市小资产阶级和民族资产阶级，取得了罢免卖国贼和拒绝在巴黎和会协定上签字的胜利。在这个过程中，青年学生开创性地走出了革命斗争与广大人民群众相结合的正确道路，体现了积极进步的意义。

民主和科学精神是五四精神的推动力。民主和科学是新文化运动时期的口号，也是运动的两面旗帜，被形象地称为"德先生"和"赛先生"。在《新青年》的创刊号中，陈独秀就提出"要拥护那德先生，便不得不反对孔教、礼法、贞节、旧伦理、旧政治；要拥护那赛先生，便不得不反对旧艺术、旧宗教；要拥护德先生又要拥护赛先生，便不得不反对国粹和旧文学。"① 民主和科学口号的提出，反映了当时中国社会发展进步的要求和人民迫切的需要。在五四运动期间，青年们就是高举

---

① 《毛泽东选集》第 2 卷，北京：人民出版社 1991 年版，第 700 页。

“民主”和“科学”两面旗帜，向封建礼教及封建专制思想猛烈开火，并真正意义上打破了帝国主义、官僚资本主义和封建主义三座大山的思想封锁和禁锢，打破了专制制度对人性的束缚。

二、新时期五四精神传承面临的问题

当代青年除了“90后”，还包括部分“00后”，这一代青年，出生并成长于全球化经济的浪潮中，网络是这个时代连接人与人交往的主要工具和纽带。他们在其中寻求知识，扩大交际面，或体验娱乐，或寻求刺激、逃避现实，这一代青年的网络化生存，在很大程度上改变和重塑他们的社会心态。长期接触不良网络信息，会滋生颓废心态、怨恨心态甚至极端心态；过于沉迷于网络会滋生迷失心态、虚无主义心态。作为成长在急剧的社会转型激烈变革中的中国的当代青年，极易在思想上出现迷茫和矛盾。面对当代青年，一味地灌输五四精神，并不能起到良好的教育效果。

首先，很多青年对于五四精神的理解过于肤浅，缺少对五四精神的深刻认识，这使得五四精神在传承时容易出现偏差。一些青年对五四的认识仅限于五四青年节，而缺少对史实、事件意义及历史价值的深入理解。

其次，五四精神缺少相关的传播途径，仅仅依靠学校和书籍对五四精神进行传播，会导致其内容过于单一，不利于培养青年人的积极性。五四运动作为中国近代史上重要的历史事件，我们今天再来强调，不应该只是简单地回顾具体事件过程，而应该强调历史事件、时代特征和纪念者未来发展三者的统一。

三、充分发挥五四精神在当今时代的指导作用

1. 激发当代青年人的爱国情怀

针对青年群体开展爱国主义教育是我们党思想政治工作的一项重要

内容和优良传统。2018 年 5 月 2 日，习近平总书记在北京大学师生座谈会上的讲话上就讲到："要时时想到国家，处处想到人民，做到'利于国者爱之，害于国者恶之'。爱国，不能停留在口号上，而是要把自己的理想同祖国的前途、把自己的人生同民族的命运紧密联系在一起，扎根人民，奉献国家。"1935 年，在南开大学的开学典礼上，时任校长张伯苓问了师生三个问题："你是中国人吗"、"你爱中国吗"、"你愿意中国好吗"。尽管山河破碎、国难当头，但这朴素三问却激起师生共鸣，点燃爱国斗志。在中国迅速发展的今天，面对相同的问题该如何作答？五四运动先驱和中国革命的无数先烈用实际行动已经给出了答案，他们生动诠释了青年在国家破碎、民族危亡之际应承担的责任。

传承五四精神，在厚植爱国主义情怀上下功夫，让爱国主义精神在青年心中牢牢扎根，教育引导青年热爱和拥护中国共产党，立志听党话、跟党走，扎根人民、奉献国家。只有教育引导青年把自身的理想同祖国的前途、把自己的命运同中华民族的命运紧紧联系在一起，才能帮助他们树立和坚持正确的民族观和国家观。这就意味着，在传承五四精神的过程中，既要增强青年的爱国意识和爱国情感，增强他们的民族自豪感和自信心，又要坚持爱国和爱党、爱社会主义相统一，保持爱国主义的鲜活和真实。

爱国主义始终是中华民族的民族心、民族魂。然而现实中，在爱国这个问题上，有两种错误倾向：一种是极端爱国主义，"极端爱国主义"者头脑简单，思想僵化，奉行"非友即敌"的二元哲学。比如在 2012 年日本"购岛"事件中，中国各界掀起保钓的高潮，有民众的日本品牌汽车被砸；2018 年 12 月，有媒体报道，靖国神社神门前，有中国籍一男一女点火燃纸。另一种是近几年时有发生的"精日"现象，所谓"精日"，就是"精神日本人"，是指那些从精神上把自己视同为日本人的思想畸形人群。这类人群中有些极端崇拜日本，甚至到了仇恨自身民族、以自己是中国人为耻的地步。这类人群，长期宣扬反党、反国家言论，污蔑、丑化党和国家领导人，甚至对历史事实进行歪曲抹黑。

这些“精日”分子大都是青年一代，甚至还有未成年人加入。这代人，生活在和平年代，缺少历史和正确价值观教育，需要五四精神净化他们的心灵。

2. 引导青年形成积极向上的进步心态

当前，我国青年整体的社会心态能够保持紧跟时代步伐，呈现出积极健康的状态。但在复杂社会思潮及信息时代的媒体乱象的影响下，一些本就缺少系统思想教育的青年的心态出现了更加复杂的迹象。一方面，青年希望在新时代抓住每一个机遇实现自身价值；另一方面，因为社会生活的复杂性，青年在融入社会过程中容易受挫，就易出现自卑、退缩、迷茫等心理障碍。理想与现实的差距会促使青年出现浮躁、焦虑以及急功近利等消极心态。还有一部分青年缺少丰富的生活阅历与经验，更缺少发现复杂社会现象本质的能力，在进行一些具体事件的选择和判断时容易受到外部因素的影响，出现盲目跟风、随波逐流等现象。

对于当代一部分青年的某些消极心态，五四精神就是“特效药”。社会总是向前发展的，坚持用进步的眼光认识世界，坚持对进步事物的追求，坚持客观世界发展的必然规律，就是一种进步精神。五四运动就体现了这样的精神。作为有历史担当的青年，更应该继承这样的优秀品质。2018 年 5 月，习近平总书记在北京大学考察时指出，“广大青年要培养奋斗精神，做到理想坚定，信念执着，不怕困难，勇于开拓，顽强拼搏，永不气馁”,[①] “每个青年都应该珍惜这个伟大时代，做新时代的奋斗者”。当代青年要胸怀大局、放眼时代、立足发展，自觉把个人的理想抱负融入国家和民族事业中，不断解放思想，改革创新，奋力拼搏。正如五四运动先驱李大钊这样告诉青年：“与境遇奋斗、与时代奋

① 金思宇：《科学精神是五四运动的基本内核》，载《中国青年政治学院学报》，2000 年第 3 期。

斗、与经验奋斗。故青年者，人生之王、人生之春、人生之华也。

3. 培育青年人形成科学的民主精神

90后，00后年轻人的成长历程，见证了我国经济的高歌猛进和民主制度的巨大进步。应该说，他们接受的教育，他们的见识，比起80后，甚至70后，更清楚自己应承担的责任，更能理解什么是民主。比起前几代人，他们待人处事，乃至面对重大的人生问题，更容易从理性出发，更容易遵循程序与规则。这本身就是我国民主建设巨大成就之一。

今天的中国比以往更加民主，人们发表意见的渠道也多了，可以容纳不同声音的舞台比以前宽广了。在参与公共政策的过程中，青年群体出现的不同声音和热烈讨论，正显示了更多青年愿意关心社会时事、接触社会事务，并具有多角度、独立思考的能力以及批判精神。另一方面，青年人的民主意识，不仅体现在社会及政治事务的参与中，更多地落实在自身生活的方方面面。除了关心社会问题的解决、公共政策的实施以外，青年的自我意识开始显现，日益加强对自身利益的维护。

民主不等于没有任何限制的一味放纵。民主是对社会进步提出的要求，也应该是对相关社会问题持有积极看法的一种态度。民主只有在有约束的情况下才能发挥最大的作用。在当前有一种错误思想危害极大，在西方的文化渗透下，一些青年接受“民主原罪”意识，把以党争为核心的西式民主奉为圭臬，从而否定中国的政治体制，借此认为国家所做的一切都是错的。这种思想，必须引起我们的警惕。

4. 激励青年用科学精神不断完善自我

五四运动强调的科学精神的精髓在于坚持从客观实际出发，探索事物的本质和规律，不断创新。科学精神是一种既有坚定信念又不迷信盲从，既鼓励大胆探索又要严格求证，追求主客观相一致的理性精神。

在科学技术迅速发展、经济社会剧烈变革的今天，青年更应弘扬科学精神，掌握科学知识，增强科学素养，努力形成尊重科学的良好社会风尚。少年智则国智，少年富则国富，少年强则国强。习近平总书记曾深深教导广大青年："人生道路千万条，各行各业都能成才。只要矢志追求，努力拼搏，照样可以实现人生抱负和目标。"①

青年，是社会主义的明天的太阳，担负着建设社会主义的重担；青年，是国家和民族未来振兴的希望；青年时代，正是"宝剑锋从磨砺出"成长磨砺的重要阶段。知识是每个人成才的基石，在人生最关键的阶段，青年人一定要打牢学习基石，打牢知识功底，要把学习作为一种责任、一种精神追求、懂得幸福都是奋斗出来的。青年一定要珍惜自己美好的青春年华，坚持理想，不忘初心，迈稳步子、夯实根基、久久为功，不断积蓄人生前进的动力与能量。

五四精神对于当代青年而言是最为重要的精神，一百年前传承到今天的这种精神在当代被赋予了新的使命，将引领社会的新变革，创造人类精神的新源泉，让青年真正成为中华民族的强大支柱，五四精神它不仅是一种我们需要纪念的文化，更是一种文化基因，把这种基因植入血液，可以随时迎接任何新的变化，以五四精神为支柱实现中华民族伟大复兴的中国梦，让中国人民在共享国家发展成果上有更多获得感。

五四运动迄今已 100 周年。一代代中国青年人，在各自的时代背景下，不断地走近"五四"、对话"五四"、反思"五四"，正是这一次次的碰撞与融合，才使得其所蕴含的五四精神得以继承和超越，进而在中华民族伟大复兴的征程中放射出更加绚丽的色彩。

（作者简介：赵爽，女，潍坊学院马克思主义学院讲师）

① 习近平在北京大学师生座谈会上的讲话，2018 年 5 月 2 日。

中国传统文化与思想政治教育

一个人在学习和生活中充满活力和朝气，在工作生活中就能够开阔视野，不负使命和尊严，从而推动社会正气和个体自觉能力的提升，进而推动中国文化的自觉和自信的提升。因此，中国传统文化是我国各级学校思想政治教学中的重要内容。

一、中国传统文化的基本内涵与精神

传统既有传的意义，又有统的观念，两者合二为一共同构造了传统这个词语。既有继续的意思，又有结合的意思，既可以说是两个单独的字的融合，也可以说是两个单独的字的连接。我国《现代汉语词典》里面对于传统的定义，有着以下的说法：“自古以来就一直存在的理念，智慧，伦理，时尚，文明，规章制度和社会活动等。这些内容往往是一代一代传承下来的，属于国家的文化遗产，是一种历史的见证，流传下来的稳定不变的因素构成了这些历史文化，并体现在社会生活的各个角落。比如我们常说的风俗，民俗和习俗。”美国著名社会学家爱德华·希尔斯认为传统最明显、最基本的意义，是指世代相传的东西，即从过去延传至今或相传至今的东西。其决定性的标准是：“传统指的是人民的社会活动，指导理论，习惯和联想的结果，这些结果被一直流传继承"①。而且，希尔斯也强调了这种"代代相传"在逻辑上并没有强制性、规范性。也就是说，传统的这种"代代相传"并非由各个历史时代的统治阶级以一套规范性的东西强制其社会成员在思想、观念、行为等方面接受或践行，反而是由各个历史时代的特殊自然地理环境、经济形式、政治结构、意识形态等综合作用而自然形成、积累并流传下来的。因此，我们可以说，传统就是指由各个历史时代的特殊的自然地理环境、经济形式、政治结构、意识形态等综合作用而自然形成、积累并世代相传直至今天的，且在当代仍时时刻刻对我们的社会和生活方式产生巨大影响、起着重要作用并表现于社会生活各个方面的行为习惯，规章制度，民族习俗，信仰和思考模式，活动方法等的总和。

由此可见，传统文化可以说是一个民族在不断的发展过程中，对于社会的变迁，人们的行为习惯和地域特点的总结性的稳定的看法和想法，属于多种思想文化，观点信仰和意识形态的统一结合。包括看得见的事物，也包括看不见的意识形态。不同的生活习惯，不同的思考模式都属于这种传统文化。这些文化的形成和发展都是在久远的社会发展中发生的。并且被不同时代的人保存和流传下来。

因此，就广义而言，中国传统文化就是指中华民族在生息繁衍的漫长历史发展过程中，逐步形成并流传下来的比较稳定的反映中华民族整体特质和整体风貌的文化形态，是影响中华民族发展进程的一切物质和精神成果的总和。就狭义而言，中国传统文化特指在中华民族历史上绵延流传下来的影响整个中华民族发展进程的、具有稳定的共同精神、心理状态、思维方式和价值取向的全部精神成果，也即中华民族传统意识、观念、心态和习俗的总和。本文所言中国传统文化特指后者。

（一）文化精神

精神就是指人和事物的动力，神态，精力。属于人和事不断变化的

---

① 参见爱德华·希尔斯：《论传统》，上海：上海人民出版社 2014 年版。

运动的内部力量。文化的精神就是指文化本身包括的精力，活力，内在的力量和内在的思想。文化精神是一种指导思想，是带领民族文化持续发展的理论基础和基本观念。在中国传统文化中，长期受到人们尊崇，成为生活行动最高指导原则的理论基础和长期存在的思维模式。在社会发展中起着助推力的作用，属于社会发展的内在动力，这种内在的思想动力就是中国文化的精气神。就是传统文化精神。严格的分析这种文化精神，它实质上是凝聚于传统文化之中的中华民族的基本精神，是在中国文化中起主导作用、处于核心地位的那些基本思想和观念，是我们大家熟悉的、而不是高深莫测的玄思妙想。中国历史绵延悠长，中国文化丰富多彩，中国的传统文化精神也极其浓厚。

（二）中国传统文化精神

关于中国文化的基本精神，学者们众说纷纭。

张岱年先生在其《论中国文化的基本精神》一书中认为：首先，中国的民族精神主要聚集在《周易大传》里面的著名的语句里："天行健，君子以自强不息"；"地势坤，君子以厚德载物"。第二，我们所理解的中庸，对于张岱年先生而言，有着不同的看法，他觉得中庸的理论思想尽管在历史长河中一直被传颂继承，但是对于社会发展并没有起到明显的影响力。也就是说，"中庸不应该纳入中国传统文化的基本精神里面，应该剔除出去。"① 最后，中国传统文化的基本精神还发扬了德育的理论思想，主张德育的教育，而不是盲目的信仰。

张岂之先生对于中国文化的基本精神也有他自己的想法，在他的《中华人文精神》一书中对此做出了以下表述：第一，人类文化是由人类的实践发展出来的。第二，对于文化的态度要张弛有度，有深有浅。第三，天地万物和人类社会的关系密不可分。第四，人类思想品德的素

① 张岱年：《文化传统与民族精神》，载《学术月刊》，1986 年第 12 期。

质对于文化的传统发展至关重要。第五，求同存异，大的文化方向之下，多方文化理念共同存在。第六，先天下之忧而忧，后天下之乐而乐的国家情怀。第七，坚定不移的，持续的发扬宣传中华民族的传统文化，并且不断创新发展。①

学者许思园也对文化精神做出了解释，“各方文化相互融合，相互包容，共同存在构成了中国特色的传统文化精神。”②

学者杨宪邦有着自己的独特见解，中国古代传统文化的基本精神可以概括为一种对于广泛的社会层面起着引领作用，指导作用和理论核心作用的意识形态。其中这些社会层面包括了和中国古代的社会活动、生产活动相互联系的各种动力、制度和理论以及行为习惯。这种意识形态是以经济独立为基本原则，围绕着民族和国家展开的，通过人与人之间的相互沟通和交流来进行的具有一定的规章制度的精神状态。③

学者司马云杰对文化精神的概念做了归纳总结：“尊老爱幼，孝顺，重伦理，讲品德，有礼仪。”④

另有学者庞朴认为，人文主义是中国传统文化的基本精神。它的内容可以体现在以下方面：人存在于社会之中，离不开社会，社会又和自然相关联，所以人类也离不开自然。要建立一个完整的知识体系就需要人与自然相互结合。我们要本着以人为本的中心思想，服务于人类，不可以急功近利，自私自利。中国传统文化的人文精神既有宣传我国文化的优点，又存在着和西方国家文化交流上的阻碍。尽管中国传统文化是值得骄傲的文化资本，也给我们带来了发展和创新中国文化的重要使命。⑤

---

① 参见张岂之：《中华人文精神》，人民出版、陕西人民出版社 2011 年版。

② 参见许思园：《论中国文化二题》，见《中国文化研究集刊》第 1 辑，上海：复旦大学出版社 1984 年版。

③ 参见杨宪邦：《对中国文化的再评议》，见张立文等：《传统文化与现代化》，北京：中国人民大学出版社 1987 年版。

④ 参见司马云杰：《文化社会学》，北京：中国社会科学出版社 2007 年版。

⑤ 庞朴：《中国文化的人文精神》，载《光明日报》，1986 年。

二、中国传统文化的思想政治教育价值研究

中国传统文化是巨大的精神资本，这个精神资本给我们之后的文化发展道路奠定了基础，提供了能量和资源。对于中华民族文化的发展具有至关重要的作用。从时间的发展角度来讲，中国传统文化源远流长，代代相传，一直在发展，在前行。从不同的发展空间来讲，中国传统文化又有着不同的社会价值，将这些不同的社会价值细分出来，又成了中国传统文化在价值上的不同的含义，这其中就包括了思想政治教育价值。这个价值体系可以满足不同人不同团体的不同需求。

（一）中国传统文化的思想政治教育价值内涵

任何一个国家的教育都离不开对于民族传统文化的传承。传承传统文化是思想政治教育的重要任务。传统文化可以影响人们的思维模式，带给人们积极向上的思想基础，可以有效的帮助人们提高他们的精神素质。这就是其思想政治教育价值的本义。

1. 中国传统文化

关于文化有各种各样的界定，但是一般认为，文化指人类在改造自然中得到的一切成果，包括物质文化和精神文化。文化具有几大特性。一是属人性。文化是人类所特有的，是人区别于动物的标志。二是后天性。文化并不是与生俱来的，人非生而知之，只能通过后天学习和创造得来。三是群体性。文化是类存在物，而不是个体的存在物，个体的精神创造成果只有得到群体的认同和接受才能成为文化。四是整合性。文化是一个复杂的整体。“传统”是指在历史上形成的具有稳定性的精神文化成果。任何文化都有其传统，任何传统皆构成文化。传统的文化可以简单的解释为代代相传的一直存在的文化。

中国的传统文化，从上面的解析中可以解释为：“中国的文化历史

上流传下来的，由思想家提炼出的理论化和非理论化的，并转而影响整个社会的、具有稳定结构的看待问题的角度，正确的三观取向，人格魅力，思想道德品质，三纲五常观念和对艺术的认知等相关文化精神的综合体。”① 张岱年认为，中国传统文化就是中国文化的古代部分，即1840年以前的中国文化。

中国传统文化是一个庞大的文化系统，由众多的子系统构成，这些子系统既相互独立，又相互影响，纵横交错，共同构成中国传统文化的大系统。从流派来说，中国传统文化包含儒家文化系统、道家文化系统、佛家文化系统、法家文化系统等。从地域来说，中国传统文化包括吴越文化系统、齐鲁文化系统、燕赵文化系统、荆楚文化系统，等等。从内容来说，中国传统文化包括中国传统语言文化系统、典籍文化系统、传统科技文化系统、文学艺术系统、哲学宗教体系、伦理道德文化系统。

总体而言，中国传统文化以儒家文化为主干，以佛道文化为辅。儒家文化是中国传统文化的主流，是古代政治家治国理政的主要指导思想，也是人民群众日常生活的指南，深深影响到中华民族的心理特点、思维方式、价值追求，等等。说到中国传统文化，人们首先想到的一定是儒家文化，一定是儒家经典。但是儒家文化并不是中国传统文化的全部，佛道文化也不可忽视，尤其是唐宋以来，儒释道三教一体的格局逐渐形成，佛道思想对中国人的心理影响也很深刻。

中国传统文化是一个既稳定又开放的文化系统。其稳定性在于，从轴心时代以来中国传统文化就延续至今，从未中断过。其开放性在于，中国传统文化不是一个自我封闭的文化，而是面向世界先进文化成果开放，不断从世界先进文化成果中汲取营养，东汉时期佛教传入我国，为我国的传统文化增添了新的内容，注入了新的血液。中国传统文化系统

---

① 参见李宗桂：《中国文化导论》，广东：广东人民出版社2002年版。

的自我恢复、自我创新能力日益加强。时至近代，受到西方文明的巨大冲击，老的中国传统文化系统发生重大的结构性调整，儒释道文化都由显而隐，大量西方文化被吸收到中国文化体系中来成为中国文化中的显性部分。这一调整仍在进行之中。

中国传统文化有着不朽的生命力和巨大凝聚力。中国古代的很多价值观念已经成为金科玉律，比如“己所不欲，勿施于人”。几千年风雨激荡，中国文化并没有像世界上很多古老文化一样被岁月所湮没、被时间所遗忘，中华民族没有成为过眼烟云，反而成为世界上人口最多、领土广袤的大民族。文化造就民族。中华文化造就了伟大的中华民族。古老的文化里面有我们民族的集体记忆，有我们的精神基因。“三岁看老”，对于一个民族一个国家同样如此，只有知道过去才能预测未来。唯有站在历史的高度和文化的角度，我们才能更明白我们该往哪走。用我们固有之精神文化来塑造民族的精神，我们的民族才有希望。

2. 思想政治教育价值是一种特殊的价值

价值是标志客体满足主体需要的关系范畴。当一个客体具有满足主体需要的属性时我们就说该客体对主体具有价值。比如，粮食可以满足人们的生存需要，我们就说粮食具有价值。音乐具有满足人们审美的需要的属性，我们就说音乐具有审美价值。主体的需要是复杂而丰富的因而价值也是复杂而丰富的。同一个事物具有满足不同的主体的不同的需要的属性，该事物在不同的主体看来就有不同的价值。首先，价值具有客观性。构成价值的因素中主体需要和客体属性都是客观的。主体的需要是客观的，不能从主观上取消，比如人需要粮食，需要精神养分，这是客观存在的，如果得不到粮食的补给，人的生命就会凋亡。其次，价值具有历史性。人的需要是一种历史性的需要，永远处于变动当中。对于同一个人来说，处在不同的人生阶段其需要会不同。不同的社会中的人的需要是不同的，处在原始社会的人不会有电子通信的需要。需要的满足也是历史性的。再次，价值具有主体性。不同的主体会有不同的需要。需要的满足根据主体的不同而不同。最后，价值具有多维性。每一个主体的需要都具有多维的结构，主体可以同时具有生存需要、精神需要、文化需要、经济需要、政治需要等多种需要。同一个客体可以同时满足人的不同的需要，例如，一颗钻石可以满足经济需要，也可以满足审美需要、科研需要、使用需要等各种不同的需要，因而对于主体来说也就可以具有审美、经济、科研、使用等多种价值。

对于“思想政治教育价值”有两种理解。第一种理解指思想政治教育活动的价值，即思想政治教育活动对于人们的需要的满足关系，也就是思想政治教育这一活动对人的意义和作用。如项久雨在《思想政治教育价值论》中对思想政治教育价值就是这样界定的。这样一种理解研究的对象是思想政治教育活动存在的意义。

对思想政治教育价值的第二种理解指一种特殊的价值，即与政治价值、经济价值、文化价值等价值相对的一个价值。思想政治教育价值是价值的下位概念，它是价值的一部分。价值涵盖的范围非常广阔，只要客体满足主体的某种需要都叫作有价值。思想政治教育价值指的是客体对主体的一种特殊需要的满足关系。这种特殊的需要就是主体对思想政治教育的需要。人有各种需要，所以也就产生了各种价值。按照价值的领域分，有经济价值、政治价值、文化价值、生态价值、科技价值，等等。按照价值的性质分类，有正面价值和负面价值。按照价值的条件和依据分，有理想价值和现实价值。按照价值主体分，有个体价值和社会价值。可以按照各种不同的标准为价值分类。

思想政治教育价值是一种特殊的价值。这种价值不同于别的价值，这个价值的区别点就表现在它能够满足人们对于思想政治教育的各种需求。思想政治教育价值的执行者包括了全部进行了思想政治教育活动的人，主要包括教育者和受教育者。从接受教育的人来说，他们需要接受教育以提高自己的思想道德素质，满足自己的思想道德的发展需求。从实施思想政治教育的人的角度来说，情况很复杂，有群体也有个体。从群体来说，国家、社会和组织希望通过思想政治教育实现自己的某种需要，这种需要或者是维持群体的团结稳定，或者是培育群体的接班人；等等。从个体来说，进行教育的施教者本人，也是为了达到自己的目的来进行施教的，这些施教者包括了授课的老师。实施思想政治教育就是为了教育好学生，同时也是为了发展自己的思想政治教育事业。从思想政治教育价值的客体来说，任何能够对人的思想政治教育产生积极影响的事物都可以成为思想政治教育价值的客体。这些事物以各种形式存在，有的可以直接对思想政治教育产生影响，例如马克思主义理论可以武装人们的头脑就具有直接的思想政治教育意义。除了直接影响，还有委婉的影响，通过多种途径发挥作用，比如良好的社会氛围有助于人们接受思想教育就具有间接的思想政治教育价值。但是要明确的是其最终目的还是提高人的思想道德素质，其他的一切目的都由此目的生发出来，没有这一根本目的的实现就没有其他派生目的的实现。

3. 中国传统文化的思想政治教育价值

根据以上分析，我们可以得知，我们所说的中国传统文化的思想政治教育价值包括了很多作用力和影响力。这些作用和影响的主体既包括了人们的精神方面也包括了社会的文化方面。这些影响和作用力都是十分广泛也是尤为重要的。

首先，符合人类思想变革的变化规律。想要达到思想上的升华，就需要利用不同的文化相关产物来提升思想。包括各种文化周边产物。思想政治教育利用系统正规的指导思想，让人们的思想方式得到提升。并且将理论知识应用到实际操作当中去，让理论知识变成自己的想法、思维。转换成为主体对待人和事的看法、想法和处理问题的方法。传统文化和社会发展规律相符合，顺应了时代发展的潮流，可以增强人类自身的思想品德素质，人类的思想品德提高了，才能提高整个社会的思想政治道德水平。传统文化想要实现真正的发展和传承，就必须围绕着思想政治教育的核心价值来发展，进行创新。

其次，符合社会思想意识发展的发展规律。想要达到精神层面的需求，就要用精神层面的能量来满足，也就是文化和知识。经济基础决定上层建筑，但是并不代表有了物质就丰富了精神。要想社会的精神层面提高档次，就要对社会的文化基础和文化领域进行发展和创新。这样才能保证社会精神层面的高度发展。传统文化属于社会的精神世界，它的发展和变化，影响着整个社会的发展和变化。良好的传统文化对于社会的思想品德的加强，社会环境的良好发展，正确积极的意识形态的确立都有着至关重要的影响。也就是说，传统文化的发展好坏，直接影响了社会精神的发展程度。

最后，传统文化和思想政治教育学科的发展规律相匹配。学科想要更好进行下去，和创新和传统都有着密切的关联。想要更好的发挥思想政治教育学科的作用，要通过不断的吸取经验教训，不断提取发展中的理论和创新思想，不断利用传统来丰富实际，利用实际来创新传统，只有这样才能让传统文化和思想政治教育学科相辅相成，互帮互助。也就是说，传统文化可以丰富思想政治教育的内容、思想和理论及方法。

（二）中国传统文化思想政治教育价值的特点

一个事物的特性，是它的特殊属性，每个事物的特点都是不同的，利用这些特性才能和其他事物进行区别。我国传统文化的思想政治教育价值的特点也是与众不同的，是具有很多特性的结合体。这些不同的特性包括了传统性、悠久性、区域性、广泛性、直接性和间接性、群体性和个体性，等等。有了这些思想特点作基础，才能更好的发展中国传统文化。

1. 历史性与永恒性的统一

中国传统文化的思想政治教育价值是长久的、稳定的。是中华民族历史文化的代代相传，世世相承。长久性，说明了中国传统文化一直被普罗大众接受、宣传、继承和发扬。也正是因为它的历史悠久，才能说明文化内涵的丰富多彩，更加具有说服力。而我国的思想政治教育价值的永久长远性恰恰符合了我国传统文化的长久发展的特殊性质。从时间上来讲，中国文化源远流长，博大精深，涉及面广泛，涉足领域宽广。其不断地吸收新文化，去除旧思想，越发丰富壮大。从本质上来看，中国传统文化之所以被广泛接受和采纳，是因为它具有真实性质、正确性质。无论国内还是国外，东方还是西方，凡是接触之人都对其产生敬仰和尊崇。其中，对于中国传统文化的永久性来讲，它的存在还伴随着传统文化在内涵本质上具有先进性、领导性，它的先进性体现在它将其他领域远远落在了自己的身后。世界发展至今，消失掉的民族文化、国家文化和民族语言、国家语言数不胜数，但是中国的传统文化依然存在，依然稳固，没有被困难打倒，没有被威胁破坏。这也说明了中国传统文化更值得人们继承和发扬，更加值得我们保护和发展创新。

中国传统文化的思想政治教育价值具有历史意义，因为在每一个时代，传统文化都会有新的内容、发生新的改变。这也注定了不同时期的传统文化的历史意义是不一样的。在不同的历史时代，人们对于精神世界的需求是不一样的，传统文化想要充分的解决人们提出的问题，就需要掌握时代的发展规律，掌握人们对于文化的理解程度、需求程度。这个期间，传统文化在不同领域不同渠道对人们产生了不同程度的影响，随之产生的思想政治教育价值也是不一样的。对于马克思主义在我国的价值意义也是一样的，它在传入我国之前，对我国发展道路的思想起引导作用的是传统文化，但是它传入我国之后，马克思主义和传统文化共同作用于我国的发展思想。在两者相结合以后，相互渗透，相互融合，顺应这两种思想的指引之路的发展方向，进而产生了具有中国特色的马克思主义理论，使马克思主义具备了中国化的属性。中国传统文化是不断前行，不断发展的，是不断创新的过程。不同时代人们的思想也不一样，社会发展的方向和速度也不一样，传统文化对于社会的价值意义也是不一样的。在我国的传统时代，思想政治教育的目的是为了将受教者教育成为能够管理国家的专业人才。但是到了现代社会，思想政治教育的目的是为了让受教者的思想发生本质的改变，让爱国主义、民族精神，成为他们的主导思想，这样可以培养出真正的以社会主义发展为核心的国家建设者。我国思想政治教育的本质属性是发展变化，所以说要根据时代的发展来适应时代环境，不断的发展、创新，用发展的眼光看待问题、解决问题。用发展的眼光来丰富传统文化，充实传统文化。

2. 民族性与世界性的统一

中国的思想政治教育在中国传统文化的大环境下，具有特殊性质，不但具有民族性质，还具有世界性质。从人们的文化层次上来看，人们都会对自己的精神有所寄托，比如西方国家将思想理念寄托在不同类别的宗教上面，这也说明了不同人群对于不同的精神的寄托也是不同的。但是在我国，对于宗教的信仰所涵盖的人类数量是很少的一部分。中国传统文化既是由中国人民发展和创造出来的，所以这种文化不但具备中国特有的环境、背景、性质和风范；还是由于人们的思想信念的高度需求而衍生出来的，是我国人民在社会与自然的共生共荣过程中提炼出来的，这个传统文化不但可以满足人们的需求，也可以满足社会的需求。从文化的内容上来看，中国传统文化的内容是中国人民思想的内容，是中国社会状况的内容，这样的文化内容归属于中国的民族文化、传统文化。从文化的形成模式来看，因为传统文化在中国形成，早就适应了中国人民和中国社会的发展需要和思维模式。所以让中国人民和社会来接纳这个文化是没有困难的。

除了民族特性，中国传统文化的思想政治教育价值还存在特殊的世界包容性。文化是没有国界的，任何国家的文化都可以采纳吸收其他国家文化的精华来丰富本国的文化。这也说明了中国传统文化的世界性。中国的传统文化流传到了东亚各国，给这些国家带去了新鲜的文化血液，让这些国家了解了中国文化，也吸收了中国文化的精华。尽管我国的传统文化在发展道路上由于受到了阻挠和困难，或多或少的对文化的发展产生了影响，但是传到国外的文化仍然保持稳定发展的状态。除了对东亚各国人民产生影响外，我国的传统文化也流传到西方一些国家，并对这些国家产生一定影响。由于时代发展的脚步加快，人们在社会发展中面临的压力越来越大，有的人心里承受不住，就会从其他方面寻找解脱，这个情况下，我国的一些理论思想就发挥了重要的作用。其中就包括很多著名的著作和典籍，这些文本资料给这些想要释放、想要解脱的人们带来了心理上的慰藉和寄托。其中比较著名的有孔子，儒家、道家的文化理论，还有伴随这些理论和文人学者而产生的相关建筑和周边产物。这些作品和理论思想宽慰了人们的心灵，让人们的精神世界上升到了更高的层次。通过这些文化的指引和影响，更加有利于人们建设社会、改造社会、发展社会。将人类和社会自然的联系起来，共同生存和发展。

3. 社会性与个体性的统一

由于价值的存在就是为了社会的发展、人类的进步，也就是说价值来源于社会，所以，任何价值都是具有社会性质的。中国的传统文化的思想政治教育价值也不例外。从价值主体的角度来进行分析，价值的主体存在于社会当中，离不开社会的发展进步，社会的变化会影响价值主体，价值主体的变化也会关系到社会的发展变迁。同时，价值主体的发展也会受到社会的限制和约束。所以说，价值主体离不开社会，具有社会性质。从价值客体这个角度来进行分析，之所以说思想政治教育价值具有社会性，还因为文化来源于社会实践，是社会精神文明的产物。那它产生的价值自然不能脱离社会独立存在。通过价值的实现状况来解释为什么具有社会性，是因为想要实现价值意义，体现价值的作用，就必须进行实际行为的实践活动，来反映思想、体现价值。而实际活动必须在社会实践当中产生，不能仅凭大脑想象，通过社会的规章制度、发展规律来展现思想政治教育价值的存在意义。否则，中国传统文化的价值就无法让人们看到，也无法实现。

除了以上我们所说的社会性，中国传统文化的思想政治教育价值还具有个体性质，因为不同的主体具备自身不同的特点，对应的价值也就不尽相同了。从不同的个体本身来讲，它们本身的特殊属性和要求，决定了它们对应的价值意义的属性和对需求的满足也是不一样的。举例说明，党员干部的需求是充实自己的党性素质，增强理政的能力。所以对应的价值必须满足这一需求。而学生和青少年的需求是接受文化知识，丰富自身的思想理念，相对应的价值必须满足和党员干部不同的需求。因为我国的传统文化博大精深，包罗万象，所以对应的价值也丰富多彩，涵盖面非常广。在不同的主体想要达到不同的目标和愿望的时候，就可以从不同的渠道、不同的途径去实现愿望，满足自己。所以说，中国传统文化的丰富多彩和主体需求的变化多端导致了中国传统文化的价值具有个体性质。

4. 客观性与主体性的统一

中国传统文化的主体对于思想上的需求是改变不了的，是社会发展决定的，不受主观意识所支配，这就决定了中国传统文化的思想政治教育价值具有客观性。中国传统文化存在于社会生活的方方面面，存在于人们的思想里、行为上、语言上，是社会存在现象，不可消除，这就决定了中国传统思想政治教育价值具有客观性质。而且，从中国传统文化对于主体思想政治教育需要的满足结果上来看，这种结果也是客观的，人们的确可以通过传统文化丰富自己的内心世界，升华自身的思想层次，充实自身的品德涵养，改变自身的意识形态。

除了客观性，中国传统文化的思想政治教育价值还具有主体性。因为价值的体现者就是主体，那么价值和主体必然是相互关联的，这也决定了中国传统文化的思想政治教育价值具有主体性质。价值必须从发生、变化、实践和指导等多方面进行补充和丰富，来满足主体的需要。主体具备什么样的特性，决定了价值也应该具备什么样的特性，这样才能更好地服务主体、满足主体。同时，个体和主体同时作用和影响着价值，这也说明了中国传统文化的思想政治教育价值具备主体客体相融合的独特性质。主体的不断发展变化，决定了价值随着主体的变化而变化，也就是说价值也需要与时俱进。正是因为主体对于社会的需求，才产生了传统文化的思想政治教育价值。这种价值间接或直接的反映着主体的内心世界和心理感情。

（三）中国传统文化思想政治教育价值的结构

价值的内容和形态归属于价值的结构框架的范畴，是不同的分支，但也相互联系。内容指的是为了满足需要而产生的结果，形态就是展现出来的方式方法的状态。

1. 内容结构

我们所说的思想政治教育的内容，包括了思维模式、意识形态、伦理品德和三观取向等这些需要进行教育的信息。什么样的教育内容反映了什么样的社会需要。也就是说，教育的内容是为了满足人们的需求而产生的。就是说如果人类社会需要对法律知识进行理解和充实，那么相对应的对于法律法规的教育就会产生。根据有关学者的研究，思想政治教育的结构内容包括了三个方面，分别是原则性方面、引领性方面、分散性方面。① 思想政治教育的价值和内容在结构上也具有相似性。体现在三个方面，分别为以上所指出的三个方面的结构内容。正是人们对于思想政治教育的强烈需求，才有了中国传统文化思想政治教育的结构组成，也正是因为这种教育内容的构成，才让中国传统文化的思想政治教育价值得以体现。同样的，这种结构也具备我们以上所讲的三方面的特性内容。

2. 形态结构

由于中国传统文化中关于思想政治教育价值的看法不同，我们可以

① 参见熊建生：《思想政治教育内容结构论》，北京：中国社会科学出版社2012年版。

从这些不同看法中，将它的价值意义分成以下五种类型。

一是思想政治教育在人类理想和社会实践上具有价值意义。这个类型是由它的形成环境和状态做基础的。理想价值是还没有实现的、脑海中希望达成的状况，是一种思想上起指导作用的价值意义。必须努力为了这个想法付出实践去达成愿望。从中国传统文化来讲，当它达到了真正教育人类，解放人类思想的时候，就是它的最终的理想价值。现实价值和理想价值正好相反，是已经发生的、实际存在的价值意义，不是目标，不是愿望。两者尽管不相同，但是关系紧密。前者是后者的指明灯、指路人，是奋斗目标。后者是前者的奠基石，是后者的思想源泉，两者密不可分，相辅相成。

二是积极向上的价值意义和消极向下的价值意义。这种划分是由特定属性来决定的。积极向上的价值意义就是和主体的关系是友好的、和平的、发展的。消极向下的价值意义就是和主体的关系是僵化的、敌对的、停滞不前的。中国传统文化中积极向上的价值体现在它是思想道德水平发展的助推力，是社会主义文化建设的加速器，它是中国传统文化价值的引领者，核心力量。所谓的消极价值意义，就是不好的、滞后的、恶化的，对人们思想品德的发展造成阻碍的负面作用力。我们的研究主要强调中国传统文化对思想政治教育的积极意义、正面价值，这是时代的呼唤，也是历史的要求。对于传统文化的负面价值，一百多年来研究很多，而且随着时代的发展传统文化中的许多落后成分自然而然地消失了，所以我们在这里没有必要再提。

三是明显价值和隐性价值。这种划分的依据是其影响的展现程度。明显价值顾名思义就是看得见的、很明显的影响和作用。中国传统文化可以改变人们的固有思想，激发人们的爱国热情，加强人们对文化的理解和认知，这就是明显的价值意义。比如中国传统文化的保家卫国的思想，就可以让人们更加热爱祖国，这就是对于思想政治教育的直接价值。尽管这种明显价值就是直截了当的对主体的愿望的给予，但是并不代表这个价值就是整个传统文化的价值意义。通过这个直接价值引发的实际活动、社会实践，通过这个直接价值产生的高昂的情绪，对社会发展的推动力量，这个过程和结果又是隐性的价值，即间接价值。

四是纯粹价值和中间价值。这种价值意义是由它的作用来区别的。所谓的纯粹价值，就是想要达到的最终目的的价值意义。就是中国传统文化最终的结果和目标，是广泛化的、永久化的、综合化的。而中间价值指的是中国传统文化在发展过程中具有对比性、主观意识性和发展的特性，属于中间阶段，是个过程。这两个价值意义的关系也是紧密相连的。

五是群体价值和个人价值。这个价值意义是由他们对谁起作用来区分的。也就是说，中国传统文化对单独的个人有影响，也对整个社会群体有影响。它可以推动社会文化的发展进步，也可以丰富个人的文化涵养和修为。既满足了人类个体的知识需求，又满足了社会文化的发展需要。中国传统文化共同作用于个体和群体，是具有综合影响力的。

三、中国传统文化与思想政治教育的融合路径

（一）将中国传统文化纳入思想政治教育范畴

新中国成立以后我国在思想政治教育实践中一直偏重于意识形态教育，主要学习苏联模式，强调马克思主义哲学世界观的教育，思想政治教育的文化功能被排除出去。由于缺乏厚重的文化资源的支撑，我国的思想政治教育一度变得教条僵化，陷入一种尴尬局面。目前，这种局面虽然有所改观，但仍未彻底改变。因此，我们应该对思想政治教育在文化方面的作用和影响进行全新的考量和评价。通过我们对思想政治教育文化环境背景的评价和评判，为了适应这种文化氛围，我们要将思想政治教育进行相关程度的改变。以此来推进思想政治教育的不断前进和不断变革。这也意味着我们始终并且必须让中国传统文化成为思想政治教

育关键资源的来源。在高校中开设中国传统文化课程，如讲授《周易》、《诗经》、《楚辞》、《论语》、《孟子》、《大学》、《中庸》、《荀子》、《韩非子》等中国传统文化经典典籍，并揭示其现代价值等，使学生通过对中国传统文化的不断学习了解，逐渐增强其道德素质和文化修养，实现思想政治教育的育人目标。

（二）在全社会营造良好的中国传统文化氛围

我们从长时间的社会实践活动中可以得出结论：要想充分地宣扬本国文化，就必须在文化历史发展道路上一直传承本国的传统文化，因为传统文化是整个文化系统持续前行的基础和能量源泉。没有传统文化的坚定根基，就不能将本国的整体文化发展创新下去。十八大报告中将传统文化的重要性进行了强调，鼓励人们自发自主地发扬和宣传中国的传统文化，并通过中国的传统文化建立我国在文化领域的信心。受我国思想政治教育的教育方式影响，社会文化已经逐步渗透到人们生活的方方面面，对于人们掌握正确的价值观念起到了积极的作用，也在不同程度上改变了教育的方式和方法。中国传统文化可以继续传承发展，离不开人民的支持，更离不开社会的支持鼓励。如果离开了人民和社会这两座靠山，中国传统文化就不可能存在于现今社会，更不可能和思想政治教育共同发展。时代的发展，导致了国民对于传统文化的信仰和尊崇，并让民众更好的发展和创新传统文化。这样的行为顺应了时代发展的潮流，也是民众和社会的必经之路。在传统文化继承发扬的同时，应该结合实际情况，取其精华去其糟粕，客观清醒地接受文化和传承文化，为中国传统文化和思想政治教育共同发展创造稳定的基础。

（三）加强科研与教师队伍建设，提高科研与教学能力

从中国传统文化和思想政治教育的相互关系的角度来讨论和分析，要求教师与相关学问的探讨者具备专业的学术能力和才华：首先，要拥

有宽广的知识面，涉足学科领域宽广，可以利用中国的哲学理论去分析研究历史流传下来的经典著作。并且通过对古典名著的解析能够准确无误的反映当时的社会状况。脱离不切实际的空洞的解析。其次，能够精确掌握思想政治教育的基本原则，了解它的特性，而且可以坚持追随党的前进步伐，贯彻党的政策方针，始终坚持利用马克思主义理论做社会实践的指导思想。以上两点全都具备的人才才可以胜任对思想政治教育的相关研究和分析，才能取得充足的教育成果。不过在现今社会，中国传统文化和思想政治教育两者的相关分析挖掘的区域里面，真正能同时达到这两方面要求的学者少之又少，这也是目前中国传统文化与思想政治教育这一研究领域存在的重要问题之一。因此，我们必须加强这一领域的科研与教师队伍建设。首先可以邀请不同学科的权威专家对这一研究方向的教师与科研工作者进行有针对性的培训或讲授，增强他们对中国传统文化与思想政治教育这两个方向的综合交叉研究能力；其次要增加相关研究方向的科研项目和学术研讨交流机会，使其在深层次学术交流探讨中增强对两种学科知识的融合度；再次要提高相关科研项目经费，提高相关专业教师与科研工作者的待遇，增加教师与科研工作者的专业认同度；此外，还要适当增加教学任务，使他们在教学活动中进一步提高教学能力，改进教学方法；等等。

（四）关注社会现实，引入问题意识

理论来源于实践，实践出真知。要想理论得到持续的发展和创新，离不开对社会实践的敏捷反应。我们在进行思想政治教育的过程中，往往会涉及中国传统文化的内容，对于这项内容的教育方式，不能单纯的解释定义，还要对其内涵进行更深层次的探讨。也就是说，我们在对现有文化进行研究的时候，要注重文化发展过程中遇到的实际问题，通过这些实际问题来得出相关的理论。再利用得出的理论去指导之后发生的问题或困难。所以，我们应该更多地重视社会实践，在实践中发现问

题、解决问题、探讨问题，这样才能开阔我们的知识面，打通我们的大脑思维，从不同的角度找到不同的解决方法，得到更多的有效的有意义的理论。这也是中国传统文化与思想政治教育相融合研究的重要途径，是我们应该广泛运用的研究方法。

（五）将中国传统文化纳入教学计划

首先，要改善思想政治教育原有的课程设置。课程的开设，离不开一定的学科专业要求。目前中国传统文化与思想政治教育已成为思想政治教育学科的重要研究方向之一，因此，中国传统文化的内容亦应该系统地体现在思想政治理论课程的设置中。然而检视我国高校思想政治教育的课程设置发现，目前我国的思想政治理论课由必修课和选修课组成，其中，在由教育部统一规定和要求的必修课中，并没有设置系统的中国传统文化课程，在由各校做出选择和安排的选修课中，中国传统文化的课程也并非每个高校都有设置。可见，虽然中国传统文化与思想政治教育已成为我国思想政治教育学科的重要方向之一，但其相关内容并没有系统地体现在课程设置中，课程设置落后于学科方向的建设。因此，在思想政治教育中，除了原有的思想政治理论课，还可增设相关中国传统文化的必修课程作为必要补充，不断推进中国传统文化与思想政治教育相融合，进而促进思想政治教育的进一步创新发展。其次，要在教材中增加中国传统文化内容。教材是进行思想政治教育教学的必要载体。因此，教师有必要在备课过程中，有意识地将优秀的中国传统文化的内容融入教案中，作为统编教材的教学素材加以使用，使教学的内容变得更加有血有肉和丰富多彩。再次，要将中国传统文化引入思想政治教育的课堂教学中。我们知道，课堂是学校进行思想政治教育的主要阵地。通过课堂，课程才能落到实处，教材方能变活，教案才可实施。因此，教师应通过多种形式，将中国传统文化引入思想政治教育的课堂教学中，结合思想政治理论课的教学，围绕普及和弘扬中国传统文化知识，培养学生对中国传统文化的兴趣与爱好，为思想政治教育营造浓厚的传统文化氛围，提升思想政治教育的实效性。第四，举办中国传统文化相关讲座。讲座是学校进行思想政治教育的有益补充形式，因此，在思想政治教育的课堂教学之外，学校可以从受教育者关注的热点、难点、焦点等问题出发，配合思想政治教育的开展，有选择地诚邀有关领域的专家、学者、模范、榜样等走进校园，设坛开讲，实现优秀传统文化传承与思想政治教育的“双赢”。此外，开展与传统文化相关的课外实践活动。实践是学校开展思想政治教育的第二课堂，也是中国传统文化融入思想政治教育的有效途径。因此，我们可以通过展开中国传统文化的知识竞赛和板报比赛、文化遗产的普查统计等校外的实践活动，提高学生的传统文化素养，增强学生对中国传统文化的保护意识和传承责任感等。

（作者简介：魏晓笛，女，潍坊学院马克思主义学院教授；韩冬云，女，潍坊学院马克思主义学院副教授）

第二篇

思想政治教学研究

大班授课条件下的课堂组织模式问题研究

目前在我国很多高校的思想政治理论课授课过程中，大多采用大班授课方式，由于大班授课存在学生人数较多、教室空间较大等条件限制问题，师生互动交流就存在不太顺畅的问题。因此如何解决在大班授课过程中增加学生的参与活动，取得良好的教学效果，是大班授课教师必须要解决的现实问题。

一、大班授课课堂组织实施遇到的问题

据我们了解，目前高校思想政治理论课中的四门主干课程和《形势与政策》选修课程大多都采用大班授课方式。以潍坊学院为例，四门主干课程班额几乎每学年都在100人以上，而《形势与政策》选修课程班额则更多，有时接近200人。在人数众多的大班授课条件下，组织课堂教学并取得好的教学效果显然存在一定的客观难度。

（一）教学组织难度加大

在100多人的大教室里授课，如果要进行分组研究、讨论、合作学习等教学活动，实施起来就比较困难。如有一次我在教学过程中进行一个团队合作的“红黑”游戏活动，这个活动要求把学生分成几个小组，

人数还不能太多，因为太多不易于讨论结果的产生。而班上的学生当时是120人，没办法就分成了12个小组，10个人在选择“红”还是“黑”的讨论过程中就产生比较大的分歧，明显延长了游戏时间，而一节课的时间是50分钟，这样的教学组织活动明显是影响教学效率的。同时由于人数比较多，教师在组织教学活动时要兼顾绝大多数学生，这也必然会影响到一部分学生的注意力和学习效率。

（二）教学空间较大影响教学效果

大班授课的教室一般都会安排在高校的阶梯大教室或能容纳几百人的合堂大教室，座椅一般都是固定的长排椅。潍坊学院和南开大学都是在能容纳200多人的大阶梯教室中安排思想政治理论课。在这样空间特别大的教室中授课，教学效果明显受限。较为明显的表现是：第一，教师要使用扩音设备，才能保证所有学生能听清讲课内容。有的扩音设备只安装在讲台的多媒体台面上，教师只能站在讲台上，否则就影响讲话音量。如在南开大学实地调研过程中，有一位教师在师生互动中站在阶梯教室的走廊上，与学生交流时，只有临近的同学能听见，距离稍远的同学什么也听不到，学生就只能干一些其他事情。同时由于有时多媒体设备出现运转问题，教师的声音感觉时断时续，严重影响学生听课的效果。第二，由于教室空间太大，教师无法近距离和学生直接交流，只能泛泛地提问学生，导致师生之间缺乏亲和力。第三，在进行分组讨论时，由于受桌椅的限制，学生无法围拢在一起，往往是一组学生讨论时，只有几个座位相近的同学讨论，座位稍远的同学无法参与其中而无所事事，好像这一教学活动与他们无关。第四，同时在空间大的教室，学生众多坐席分散，学生与教师距离遥远，导致学生课堂上从事多项与课堂教学无关的活动。通过跟踪调查发现，在大班课堂上经常发现有一部分学生在使用笔记本电脑，进行的是与课堂教学无关的活动，有的在写论文，有的上网聊天，有的还在看电影。还有数量众多的学生在玩手机，有的学生在做数学或者其他作业，有的学生在背英语单词，当然还有睡觉的学生。

（三）大班课堂学生积极性难以调动

在大班授课过程中，教师提问学生回答问题的难度加大，如果不是点名提问，师生互动显得比较欠缺，学生积极性很难调动。因为在较小范围的同班中学生比较熟悉，容易发表观点，不怕说对说错。但在大班中，往往是一个院系同年级几个班的学生聚集在一起，甚至是不同院系的合堂课，学生怕自己的表现不理想，影响自己的形象，显得比较拘谨，所以教师在组织讨论和提出问题时就很难达到预期的教学目的。

（四）人数众多导致师生感情交流少

高校思想政治理论课教师所承担的是全校的公共基础课程，授课对象是全校学生，涉及全校所有院系部。有的教师一学期承担多个院系的教学工作，学生总人数可能多达几百人。如果教师课前不能了解学生的基本情况，传统的教师在讲台上讲，学生听和记笔记的授课模式没有根本改变的情形下，两节课结束后教师和学生的交流机会甚少。一学期结束后，可能教师会不认识绝大数学生，这样无法增进教师和学生之间的情感交流，教师无法了解学生的思想动态和真正需求，有可能致使我们教学的实效性受到极大制约。

二、大班授课具体的课堂组织模式探究

面对如此众多的学生，传统的教学方式仍占主导方式的条件下，如何实现师生互动，引导学生积极参与课堂教学活动，真正发挥思想政治理论课的作用，这是所有高校思想政治理论课教师需要研究的现实问题。

（一）创新教学理念

我们一直强调要创新教学理念，但在实际的教学过程中，又有多少教师真正做到这一点，但这一点又恰恰是创新大课课堂组织模式，取得良好教学效果的前提条件。“性格决定命运”，性格是一个人在现实的稳定态度和习惯化了的行为方式中所表现出来的个性心理特征，而这种性格就是一个人内心理念的外在表现，因此有什么样的理念就会有什么样的行动。作为在教学过程中起主体作用的教师必须不断创新自己的教学理念，与学生同步，与时代同步，乃至超前于学生，领先时代发展，否则真的会被淘汰了。

思想政治理论课具有很强的时效性，大班授课教师无论在教学内容、教学方法还是教学组织管理方面都要不断创新，根据社会发展变化，根据学生需求变化不断进行调整。如潍坊学院在教学内容上，以教材教学大纲为依据不断补充即时发生的重点社会热点问题，最新的科研成果，《毛泽东思想和中国特色社会主义理论体系概论》课上补充的“一周新闻扫描”专题特别受学生的欢迎。“一周新闻扫描”专题时间和形式都不固定，每位任课教师根据实际情况自行确定教学形式和时间。有的教师安排在正式讲课前，有的教师安插在相关教学环节中，有的教师制作成 PPT，有的教师以新闻播报形式出现，有的教师让学生自己查阅有关资料并在课堂上向全体学生讲解。这一创新教学理念刚开始在潍坊学院个别院系、个别教师中进行，经学生认证认为是《毛泽东思想和中国特色社会主义理论体系概论》课程中最具吸引力、最具时效性和实效性教学环节后，开始在《毛泽东思想和中国特色社会主义理论体系概论》课堂全面实施。这一创新环节的实施即使是大班课堂、人数很多的情况下教学效果仍然非常好。

（二）多维互动教学模式

大班课堂教学过程中由于受一定条件限制，互动虽有一定的难度，但只要师生积极探寻有效途径和方法，同样也能达到很好的教学效果。

师生互动。教师既可以在课前进行学生调查，梳理学生的疑难问题和最迫切需要解决的问题，课堂统一解答，让学生听课有的放矢。同时在课堂教学过程中可以直接对某一原理和社会疑点让学生充分发表自己的观点和看法，然后教师加以分析和引导，这样能有效做到原理和实际问题的有机结合。如针对美国政府关门事件，教师可以引导学生思考美国政府关门的原因和影响，并分析中国和美国两种不同社会制度的运行。学生既对这样的问题感兴趣积极参与讨论，同时通过教师对比分析又可以让学生了解我国政治制度的优越性，这比单纯讲解我国政治制度的优越性更容易让学生接受和理解。同时教师还可以利用 QQ 平台和微信平台实现与学生的交流，由于学生人数众多，有时师生面对面交流很困难，但 QQ 平台和微信平台却可以实现师生之间的无障碍交流。

生生互动。学生与学生之间更容易交流与探讨，教师可以将学生分成若干学习小组，在小组内部学生通过分工与合作共同完成某项具体学习任务，既锻炼了学生的自主学习能力，还锻炼了学生的团队意识。如潍坊学院的《思想道德修养与法律基础》课程把学生分成若干小组，一般以宿舍为小组，共同制作一个以“爱国主义”为主题的 PPT，制作完成后小组推选一位代表在课堂上进行演示并讲解，全部结束后所有学生参与项目评比，这种方式极大地调动了学生的参与意识。

人机互动。人机互动既包括课堂内也包括课堂外。目前高校的大班教室几乎全部都有多媒体设备，教师可以充分利用这一现代化手段调动学生的兴趣及参与意识。教师制作的课件不应是照搬教材，当然也不应图、音、视频过多干扰学生的注意力。教师要充分利用多媒体设备在有限的两节课的时间里，让学生通过更加感性的方式（如恰当的图像和视频）理解一些抽象的原理。在课后可以让学生进入有关的课程网站查阅有关资料，浏览相关的教学内容，与教师进行探讨与交流。

（三）情景模拟教学模式

情景模拟教学对师生的要求非常高，是案例教学法的进一步延伸，但对师生自身素质的提升极大。高校思想政治理论课可以在一学期进行两次左右的情景模拟教学，通过情景模拟教学可以让学生置身于相对真实的环境中，激发学生自身潜能，感受整个过程并体会日常学习过程中触及不到的经验和教训。

情景教学模式首先对教师要求比较高，教师要选择同所授课程内容相近的案例，案例时间须在课堂之内，且具有可操作性，同时要求案例能提供给学生足够的思维空间。在进行所选案例模拟前，教师本人必须对案例过程非常熟悉，对可能出现的状况准备预案。在进行过程中既不参与打断整个流程，又能驾驭整个过程，以免出现失控现象，影响教学效果，对学生最后提出的各种见解给予恰当的评价。同时情景教学模式对学生要求也比较高，需要学生在课余时间做大量的准备工作，根据自己承担的角色不同，进行相应的准备，同时还要积极应对别的角色对自身的挑战。如我们曾经在课堂中进行过“面试模拟”教学，面试题目是三道题，内容都是涉及思想政治理论课的内容，准备和回答问题的时间是 15 分钟。从两个班大约 100 名学生中自愿报名选出 10 名学生承担考生角色，7 名学生承担考官角色，2 名考生承担成绩统计与审核角色，2 名学生承担计时员角色，2 名学生承担公证员角色，4 名学生承担命题者角色，4 名学生承担组织者角色，其余学生在所有考生面试完毕之后教师以随机提问方式承担点评员角色。这样既能保证角色参与者真正体会所承担的角色，又能调动角色演练者积极参与整个活动。整个“面试模拟”教学过程严格按照真正的面试现场组织，经过这样的情景教学后学生才明白知识和能力的重要性，明白如何通过基本原理表达自己的政治观点才能为社会所接受，对思想政治理论课有了实际的理解。

（作者简介：楚爱丽，女，潍坊学院马克思主义学院副教授）

高校学生党建工作进书院社区的路径探析

随着书院制管理模式在一些高校的实行，学生社区已经形成了包含住宿区、商业区、休闲娱乐区等包含多种功能在内的校园特定区域。这类社区将传统的学生宿舍场所转变成为了具有特定职能的多功能社区，这种开放式的书院社区管理模式，相比较传统的行政主导和半社会化的管理模式，更尊重学生的主体地位，它已经不再是传统意义上的学生住宿场所，而是成为了学生学会做人、交流思想、共同成长的重要场所。

《中共中央国务院关于进一步加强和改进大学生思想政治教育的意见》中明确指出："要高度重视大学生生活社区、学生公寓、网络虚拟群体等新型大学生组织的思想政治教育工作。"书院制社区建设作为高校的一种流行趋势，导致了以院系班级为单位的党建工作越来越不能满足要求。因此，推进党建工作进书院社区，是当前高校党建工作必然要面临的问题，也是不断深化教学体制改革，实现高校学生思想政治教育工作阵地合理转移的必然要求。

一、当前高校学生社区党建工作存在的问题分析

（一）对社区党建工作的重视性未凸显

在以往的学生公寓社区党建工作中，部分高校过多重视党员发展程

序和集中性的政策传达和座谈学习，以解决大学生群体的不和谐问题——贫困问题、就业问题、心理问题和网瘾问题为主，忽视创建公寓社区党建长效运行机制。再加上很多高校管理工作者认为以院系班级为基本组成单位开展的学生党建能够满足学生党建和思政工作的需要，学生宿舍只是他们日常的生活场所。高校在对学生宿舍的日常管理工作中，也只是关注宿舍设施的投入和环境的改善，对社区学生党建工作的重要性、必要性和紧迫性的认识不足，学生社区党建工作缺乏人力、物质、经费等必要的基本保障，导致了高校学生社区党建工作的手段单一，缺乏活力。

（二）社区党建工作运行机制不健全

目前高校的学生公寓管理方式主要有学校全面管理型、学校参与管理型、外包管理型等三种方式。而多数高校采取的学校参与管理和外包管理的方式虽然能在一定程度上降低学校办学风险、减少人力成本和管理压力，但这种管理模式也有很大的弊端：社区范围内学生思想政治教育的引领工作存在职责不清、推诿扯皮、效率低下、针对性和实效性不强等问题。工作也普遍停留在表面，肤浅和笼统化现象严重，并不能解决实际问题，党支部的战斗堡垒作用和党员的先锋模范作用也没有很好发挥，工作效果欠佳。

（三）社区党建工作保障机制不完善

当前，网络新媒体技术大大改变人们的思维习惯和价值观念是不容忽视的事实。大学生现在的学习、生活、娱乐、消费等已经离不开互联网了，网络已成为高校学生思想政治教育的重要载体和阵地。但是遗憾的是目前的学生社区里，网络的最大作用几乎仅成为学生进行网络游戏、观看影视和购物消费的方式，缺乏相应的社区学生党建工作网站。部分高校虽然也建立了学生党建工作网站，但往往因内容呆板、针对性不强、不吸引眼球、更新迟缓，而导致无人浏览的尴尬局面。

二、高校党建工作进学生社区的必要性分析

当前各大高校普遍进入了“00后时代”，这群在网络环境下成长起来的新一代，其个性心理、意识形态、道德素质、政治修养等方面也呈现出多样性和不稳定性，在价值取向上不同程度存在着重物质利益、轻思想道德修养的倾向，这给高校的党建工作带来了极大的挑战，更给新形势下的学生党建工作提出了更高的要求。[①] 而且我国正处于急剧的社会转型期，各种思潮泛滥，因此在学生社区建立党组织，形成一套完善的党建工作长效机制，既是开展高校思政工作的有效途径，也是发挥党支部战斗堡垒作用和保持共产党员先进性的重要阵地，同时它对于书院社区功能的发挥也起着重要的促进作用。

（一）完善党的基层组织建设，发挥高校党支部的战斗堡垒作用

传统的学生党建工作是基于院系专业为单位设置党支部、党小组，开展学生党建与思想政治工作，学生宿舍很少划在党建工作范围之内。但是随着学分制的不断推进，传统意义上的院系、班级概念逐渐淡化，学生社区成为了学生日常学习、生活与娱乐的重要场所，变成了学生管理的重要阵地。因此，高校要紧密结合自身实际，积极探索实施社区化管理下学生党建工作，充分发挥其在服务、育人方面的引导作用。一方面，通过社区基层党组织把来自各院系、年级、专业的学生广泛团结起来，充分调动他们的积极性，开展各类丰富多彩的社区活动。另一方

---

① 勾志骞、张丽波：《浅析如何在高校学生社区开展思想政治工作》，载《长春工业大学学报》（高教研究版），2005 年第 2 期。

面，通过社区基层党组织及时了解掌握学生在社区内的思想动态、日常行为养成情况等，发现矛盾和问题就及时采取切实有效的措施进行处理，将一切不安全隐患消除在萌芽状态，对于社区基层党组织的凝聚力与战斗力提升也有重大意义。

（二）加强对学生党员的培养考察和监督管理，保持共产党员先进性

高校中的学生党员理想信念坚定，身负表率带头责任，是进步群体的代表。但是在目前的大学生党员培养考核管理模式下还存在一定的偏差。例如将教育对象集中于高年级学生身上，而这部分学生又因为忙于毕业各种事宜，无法全身心去发挥党员的先锋模范带头作用。同时由于各类社会因素的影响，一些学生的入党动机功利化倾向很明显，并且高校重视党员发展忽视党员教育工作的现象也很突出，党员的持续性教育工作出现脱节，这容易造成学生入党之后出现思想放松、行动松散的现象。在学生社区开展党建工作，将第二课堂与党建工作有效融合，根据学生群体的不同开展阶段性的教育，有利于学生党员教育的持续性发展。同时，学生党员在书院社区管理模式下，在社区学生自治组织的框架结构下，能够变工作的被动为主动，主动接受党组织安排的各项工作，促使他们联系群众，接受监督，强化党员服务意识，提升自身党性修养，从而保持党员的先进性。

（三）维护学生社区安全稳定，实现高校思想政治教育工作阵地合理转移

学生社区是作为学生思想交流最活跃、最频繁的场所，是高校中思想政治教育的重要阵地，也是高校安全稳定工作的重要场所。[①] 来自不

---

① 周燕：《高职院校学生党建工作创新模式初探》，载《无锡职业技术学院学报》，2010年第4期。

同地域的数千大学生居住在一个社区里，社会经验的缺乏导致他们在面对一些冲突和突发事件时容易受到不良思想和情绪的影响而产生过激行为。纵观近年几起高校安全稳定事件，大学生社区已成为高校安全稳定事件的多发区域。党建工作进社区，对于加强大学生的政治教育，树立科学信仰，形成对自我和他我的客观认识，塑造科学的“三观”，维护社区的安全稳定具有重要意义。同时通过党建工作进社区，可以加强学生社区思政工作的力度，发挥党员先锋模范的渗透作用。与此同时，学生党员在社区里接受其他同学的监督，有利于学生党员树立良好的形象，起到良好的“传、帮、带”作用。

（四）发挥书院制管理模式优势，进一步拓展书院社区的发展功能

书院制管理模式是将通识教育和专才教育相结合，力图实现均衡教育，并建立可以承担对学生思想政治教育与行为养成的生活社区的一种学生教育管理制度。[①] 在书院社区环境下开展学生党建工作，形成“有党员的地方就有党的声音”，通过学生党员的传帮带，引导带动更多的学生参与到社区自治中来，有利于进一步深化书院社区管理水平，推动学生社区的精细化管理。同时，还可以有效利用书院“第二课堂”灵活多样的授课方式，通过研讨会、学术沙龙、公益活动等形式，创新党课教学模式，增强其吸引力，深化书院的第二课堂教育内容。最后，党建工作进社区能够提升书院社区学生自治水平，推动基层党组织参与学生社区管理的活力，弥补高校后勤社会化管理过程中存在的“重物质建设轻文化建设”、“重管理轻育人”等问题，促进高校后勤社会化和谐发展也具有重要意义。

---

① 温旭：《书院制下高校学生社区党建工作新模式的探索》，载《高校辅导员》，2014 年第 2 期。

三、基于书院社区的高校学生党建工作创新路径

基于书院社区的高校学生党建工作要根据社区的特点，坚持学生主体地位和学生自治的原则，充分运用社区的活动机制，发挥社区党建工作的组织优势、阵地优势和活动优势，调动多方面力量，以丰富的第二课堂活动开展学生社区党建工作，使得高校对大学生的教育培养和考察工作“落地生根”，扎实有效。同时学校还要为社区提供开展党建工作所需要的系列配套措施，确保社区党组织的教育、服务和管理作用发挥到位。

（一）强化党建阵地建设，构建社区党建“网格”管理系统

党支部是基层党组织，社区党建工作的开展需要依托党支部的推动。以往以“校党委—院（系）党总支—学生（年级）党支部—党员”为主线的学生党建工作体系虽然较好地保证了党支部战斗堡垒作用和党员先锋模范作用的发挥，但是它与当前书院制下社区党建工作的要求不是很切合，这就需要我们积极地探索学生社区党建工作新模式，把高校党的工作延伸到学生社区，将党组织的影响力渗透到学生学习、生活的方方面面，从而促进大学生的健康成长。

网格化的社区党建工作体系是指在书院社区组织架构中借鉴城市管理中的“网格化”概念，按照不同的标准将书院社区划分为单元网格，在各个网格上建立党组织，发挥党员主体作用，密切大学生党员与广大团员青年的联系，推进高校党建工作全覆盖。在书院社区里设立党总支、党支部、党小组，按照社区—楼栋—楼层—宿舍的金字塔结构将所有的学生党员、积极分子和团员在社区范围内纳入相应的党组织管理网格中，社区建立公共的党建活动室、资料室、会议室，每个月由相应的楼栋党支部承办党建活动，发挥党员主体作用，覆盖整栋楼的学生群体，并在所属片区内形成宣传、教育、活动为一体的党建网格服务管理

模式。在设置学生社区党总支的同时，保留各二级学院党总支，两者职责分明，制度明晰，对大学生党员实行双重监管，学生社区党总支以第二课堂为主线，重点做好大学生在大学生社区里的日常教育与管理、党团组织建设和素质拓展等育人工作。二级学院党总支以第一课堂为主，重点做好课堂、学风和学生的科技创新、就业指导等育人工作。①

（二）强化党建工作队伍建设，多主体参与社区党建共治

书院社区党建工作的开展需要一只政治过硬、本领高强的党员工作队伍。高校学生社区党建工作建设中要重视这支队伍的组建与发展。高校学生社区党建重点在基层，难点在于如何有效发挥基层党组织在社区党建工作中的作用，关键是要在新时代背景下如何形成一股能够引导书院社区党建队伍发展的力量来应对高校基层党建工作面临的各种新问题和新挑战，从而形成高校社区党建工作创新发展的长效机制。

强化书院社区的党建工作队伍建设，关键是要促进多主体参与社区党建共治，发挥“多导制”的导向作用。社区党建工作共治主体包括了社区辅导员、导师和导生。社区辅导员及时掌握学生思想状况和行为规范，及时做好推优、审核和考评工作。学生的一言一行都要接受监督，一旦发现有违规违纪行为及时给予批评教育，从源头上杜绝思想松懈和行为懈怠，通过外力督促学生将党章内化于心。具有学科背景的专任教师担任社区导师入住社区，通过走访学生宿舍和日常与学生沟通交流，学生与导师之间建立深厚的友谊，良好的师生关系对学生品德的培养、学业的提高、身心的发展都有极大帮助。导师定期在书院内开展党建专题系列讲座，针对学生关注的热点、难点展开交流讨论，有利于提高社区学生的文化力、凝聚力和向心力，保证党建工作质量。② 品学兼优的

---

① 雷圆媛：《大学生社区党建工作机制探析》，广西大学硕士论文，2013 年。

② 李才红：《书院制背景下大学生党建工作机制创新探索——以绍兴文理学院成章书院为例》，载《开封教育学院学报》，2018 年第 3 期。

高年级学生担任社区导生，带头践行社会主义荣辱观，通过榜样的作用，潜移默化地引导学生。

（三）完善社区党建激励机制，扎实落实党员持续性教育

由于受到各种社会因素的影响，新时代背景下的大学生入党动机存在功利化倾向，因此要想确保党的先进性和纯洁性必须进一步完善学生党员的发展考核机制。群众座谈和思想汇报等形式的传统考核机制对学生的群众基础、生活作风和思想状况这三项的考核有效性较弱，导致一些信念不坚定的学生“入党前埋头干，入党后松一半”。因此，需要建立一套覆盖学业成绩、群众基础、生活作风、思想状况、工作能力等方面的全面学生党员发展考核机制。

书院社区的学生党建工作要想达到良好的预期效果，必须要构建基于社区的党建工作激励机制。第一，借助“多导制”深入考察学生，将党员发展的入口关和质量关把牢。社区辅导员和社区专业导师通过长时间与学生的接触，能够对学生的世界观、人生观、价值观，对学生的政治信念和社会理想进行深入考察，并对他们起积极的引导作用。导生通过对学生在社区中的日常行为表现进行考察，可以将其各方面表现纳入到党员发展考核机制。第二，多渠道多形式发挥学生党员的先锋模范作用。在书院内设置党员工作站和党员工作小组，以党员“1 + N”服务岗、党员“4S”服务队和党员先锋寝室等为组织基础，把党员身份亮出来、党员标杆立起来、党员作用显出来，做表率的同时接受大家的监督。[①] 第三，借助在社区开展的“第二课堂”教育，开展阶段性的党员教育工作，确保党员教育的持续性。按照学生发展阶段的不同，针对性地开展理想信念、入党动机、党的宗旨、政治意识和党的历史等党员教育，并重视教育过程中理论和实践的相结合。第四，严格党员队伍考评

---

① 徐倩倩：《书院制下高校党建工作创新路径研究》，载《兰州教育学院学报》，2018 年第 6 期。

机制，强化制度建设。设立严格的党员考评制度，健立健全相关工作领导小组，实施书院学生党员学分制考核，在学生党员的政治素质、能力素质、作用发挥方面分点分块，纵横结合，综合评分，让党员队伍正确认识考评的目的和意义，更好地提升自我，在实践中成长，从而达成完善书院社区党员队伍发展的目的。

（四）适应新媒体技术，开启社区党建工作“微时代”

传统的党建工作媒体传播速度缓慢，传播面狭窄，已经跟不上新时代会熟练运用微信、微博等新媒体大学生群体的需求。而新媒体技术的运用则为高校党建工作者提供了机遇，它能突破以往繁琐的程序制约，创新性地进行党的理论、方针和政策的传播，为党建信息资源的数量和质量的提升搭建了良好的平台。

在新媒体技术引领的“微时代”背景下，书院社区党建工作应抓住这一趋势，借助“微平台”探索“微思政”模式，拓宽“微平台”矩阵，推动党建工作联网上线，实现党建工作的全天候实时信息捕捉和传播，突破时空限制，提高党建工作的覆盖面和影响力，增强党建工作的时代感和吸引力。利用新媒体渠道为学生搭建党员学习平台和互动平台，构建和打造学生党员课内与课外、校内和校外、一体化零距离的网络思政教育互动空间；利用微信公众号和 QQ 群、官方微博等，设立“网络微课堂”、“党员风采”、“创新项目”等学生喜闻乐见的栏目，以此来打造党建工作品牌；同时还要学会利用书院学生社区物理空间和虚拟空间相结合的优势，加强对网上舆情的监控和及时引导。

（五）以学生自治为基础，第二课堂活动为载体，促进党建活动与形式创新

传统的学生党建活动方式单调枯燥，单纯的政治理论学习和灌输式的讲授活动占据偏多，党建工作的实效性发挥甚微。而且党建活动的约

束性太强，学生党员缺少互动交流的平台，从而造成了高校学生不愿意参加各类党建活动。在书院社区治理模式下，学生主体地位得到凸显，形成了完善的学生自我管理体系，他们自我教育、自我管理、自我服务和自我监督的能力也得到了极大提升，这些都有利于学生党员在社区服务实践中锻炼党性，提升意识。

同时，在书院社区治理模式下，各类导师导生融入到社区中去，他们与学生交流沟通比较多，能够充分了解大学生的心理和思想状态，了解他们关注的国际、国内、校园的热点问题，指导学生自主开展各种有益心智、突出特色的书院党团活动，从而为创新书院社区的学生党建活动打下坚实的基础。例如，开展“第二课堂”博雅教育，结合大学生健康成才需要，挖掘党建活动的思想性和知识性，增加活动创新的品味和深度。根据青年学生的志趣，添加党建活动的趣味性，增加活动创新的吸引力，如“党员示范寝室评选”“党史我来讲”“党章在心中”等活动。可以创建党建文化连廊、党员学习屋、党建资料室等实体场所来加强对学生的文化熏陶和思想引领。可以通过召开党员寝室代表大会，及时倾听党员心声，了解学生需求，激发学生党员参与社区治理的积极性和主动性。通过上述系列活动的开展，能够引领书院全体师生积极贯彻执行党的教育方针，激发学生奋发向上、积极进取的精神，培养他们良好的道德品质，提升他们的政治觉悟。

（作者简介：葛红丽，女，潍坊学院教师）

高校思想政治教学的几点思考

新时代，价值观的多元化是一种客观存在，但在教育教学中，教育者必须确定一种核心价值取向，那就是社会主义核心价值观。但现实中，多元化的价值观给教师特别是高校思政课教师增加了工作难度。习近平曾指出，青年是“标志时代的最灵敏的晴雨表”，“青年的价值取向决定了未来整个社会的价值取向”。今天的大学生已不像以往时代的大学生那样一呼百应，如果教育工作者也是随声附和，在工作中不能积极寻求解决问题的方法和途径，势必会丧失工作的积极性、主动性和创造性。面对新形势，高校思想政治教师应在继承和发扬优良传统的基础上，在教学方法和途径等方面进行创新和改进，改变单点着力的传统工作思路，不囿于传统课堂教学的局限，努力形成内涵丰富的“思政大课堂”。特别要在增强时代感，加强针对性、实效性、主动性上下功夫。

众所周知，高校思想政治教师要在理论和实践教学中，结合学生身心特点，以入脑入心的方式将社会主义核心价值观融入教学工作中。但如何融入？怎样融入？是千篇一律抑或是殊途同归？很明显，殊途同归的教育教学模式是共识，在教与学中，我们既要分析矛盾的普遍性，又要分析矛盾的特殊性。

黑格尔赋予“扬弃”一词以肯定和否定的双重哲学涵义，并用来建构自己的全部哲学体系。马克思主义唯物辩证法继承了黑格尔辩证法的思想成果，并以这一概念来表述唯物辩证法的否定观的实质，除旧布新、推陈出新成为事物发展的必然规律，然而新事物对旧事物的否定并不是绝对的肯定，也不是绝对的否定，而是既克服又继承、既抛弃又保留的辩证过程。本文从教学内容、方法、途径、教师自身等方面的“扬弃”展开研究，以图提升思政课教育教学质量。

一、教学内容的“扬弃”

当前，高校思政课教学所采用的教材都是全国统一的马工程重点教材，实践不断发展的同时，理论也在不断发展创新，但某些时段，教材的修订并不及时，存在一定滞后性，这就要求思政课教师要把握时代节奏、紧跟理论热点，不断丰富发展教学内容。

（一）理论素养的不断提升

习近平总书记指出：“必须高度重视理论的作用，增强理论自信和战略定力。”① 作为高校思想政治教师，理论水平的提升、教学业务的熟知依然是提高教学质量的关键。随着中国特色社会主义实践的发展，特别是新时代，我国社会主要矛盾从“人民日益增长的物质文化需要同落后的社会生产之间的矛盾”转化为“人民日益增长的美好生活需要和不平衡不充分的发展之间的矛盾”。大学生同样需要这种“日益增长的美好生活需要”，要提升学生的获得感，首先需要高校思政课教师不断夯实理论基础、增强理论自信、提升理论素养。

现阶段，理论素养的提升需要马克思主义理论的丰富发展，特别是不断学习和践行习近平新时代中国特色社会主义思想。在马克思主义理论研究上坚持求真、求实、求新，主动回应学生的关注热点。

---

① 习近平总书记在2017.7.26的重要讲话。

（二）教学内容的立体丰富

综观世界各国的思想政治教育，在任何一个实行资本主义制度的国家或地区，都不存在“淡化政治”的事实，他们在宣传、灌输资产阶级思想方面旗帜鲜明和不遗余力，充分体现出极强的政治功能，突出表现在各国都加强爱国主义教育。我国始终把爱国主义作为思想政治教育的主旋律，坚持四项基本原则，坚定不移地走中国特色的社会主义道路。高校思想政治课教师更应该具有这种政治意识，始终把社会主义核心价值观作为主旋律，这就要求思政课教师要有扎实的专业知识，把握当前本学科国内外学术研究动向、前沿课题和最新的研究成果，有针对性地删减过时的教学内容，及时了解和掌握国内外的政治、经济、文化科技的发展动态和信息，增加教学新鲜感和吸引力，相对丰富自己的知识，并对与学科纵横关联的学科知识有一定程度的掌握，在教学内容方面不要简单化、抽象化。

政治理论课虽然是思想政治教育的主阵地，终究不能涵盖思想政治教育的全部，思想政治教育学科的地位同样还受到其他课程教学的制约，思政课教师要注意吸收各类新兴学科中与本学科相近的知识，拓宽自己的知识幅面和范围。如教育学、心理学等，若思政课教学引进心理教育则必然使思想政治工作深入人心，增强思政工作的可接受性和科学性。

二、教学方法的“扬弃”

在实际思政教学中，如果仅仅囿于教师理论水平的提升，学生的获得感不一定会增加，长篇大论地阐释理论反而使理论变得晦涩难懂，学生丧失学习兴趣，作为高校思想政治教师需要自省，不能“两耳不闻窗外事，一心只读圣贤书”。如果固化既有的教学方法，排斥或者抗拒新事物，在很大程度上，与社会发展相脱节，与大学生思政课教学相脱节。习近平讲过“只有聆听时代的声音，回应时代的呼唤，认真研究解决重大而紧迫的问题，才能真正把握住历史脉络、找到发展规律，推动理论创新”。

“扬弃”是思政课教师正确对待教学的态度，特别是在教学方法上要做到“扬弃”，但教学方法多种多样，这里只选取代表性的几种方法进行阐释。

（一）案例教学的推陈出新

在高校思政课教学中，案例教学法是高校思想政治教师通常采用的方法。“案例教育是围绕一定的教学目的，把从实践中采集到的真实事例加以典型化处理，形成可供思考、分析和决断的案例，使学员通过自我研究和相互讨论的方式，运用理论解决问题，提高工作能力；或通过分析解决实际问题，提高理论水平。”① 案例教学法适用于高校思想政治理论课教学是不言自明的，它能够使理论与实际相结合，提高思政课的趣味性、激发学生学习热情、加深学生对理论知识的理解、增强学生认同感无疑是非常必要的。

在高校政治理论课堂上，实施案例教学应体现自己的特色，有自己的特殊要求。具体来说，首先案例要注重实效性，在教学中，“以人为本”，注重对大学生身心特点的分析，注重教育对象自我教育意识的觉醒，放弃原有固化的灌输教育，采用的案例要在全面把握理解理论知识基础上有效渗透社会主义核心价值观；其次，案例要有针对性，针对理论重点，有机结合，反对生搬硬套；再次，案例要有生动性，案例教学的特点之一就是生动，如果不注重生动性，就会让学生产生陌生感、距离感，从而降低学生学习的主动性。

---

① 成小明：《案例教学与思想政治教育的能力取向》，载《教学研究》，2004 年第 1 期。

（二）实践教学要不断强化

高校思政课教学分为理论和实践两部分，从授课效果来看，实践教学具有课堂理论授课所达不到的效果。马克思主义认为："物质生活的生产方式制约着整个社会生活、政治生活和精神生活的过程。不是人们的意识决定人们的存在，相反，是人们的社会存在决定人们的意识。"① 但由于各种原因，实践教学通常被忽略或被简化为小组课外自主实践等，这并不是说思政课教师的认识不足，而是多方面原因造成的局面。

目前高校公共理论课社会实践活动存在的问题主要有：师生参与上缺乏广泛性，以点代面的现象严重；实践时间上缺乏连续性，由于受经费、场所等因素的制约，社会实践即使纳入教学计划，也无法保障，相当程度上带有随意性；组织上缺乏规范性，思政课社会实践的组织过程比课堂讲授复杂得多，没有足够的师资力量与经费投入，很难开展；实施上缺乏实效性，高校现在的通行作法是利用假期要求学生开展社会实践活动，但对如何撰写实践报告等缺少系统的培训和指导，直接影响到社会实践的实效性。有条件的高校还是应该积极克服困难，真正把思政课的实践教学落实到实处，在知行合一中提升思想政治教学的实效性。

（三）小组讨论不断丰富

在实践教学不能有效落实的当前，可以采用小组讨论法来弥补。小组讨论法往往有小组实践、讨论、形成报告等几个步骤构成，它是学生以小组为单位，围绕中心问题，展开调查研究、各抒己见，获得知识或巩固知识的一种教学方法。小组讨论法优点在于可以培养团队合作精神，激发学生的学习兴趣，提高学生发现问题、分析问题、解决问题的能力，提高学生学习的独立性。

---

① 《马克思恩格斯选集》第4卷，北京：人民出版社1995年版，第695页。

在实施这种教学方法时，思政课教师一定要让学生在课堂中充分展示成果，而不是仅仅作为一项作业布置下去，只有通过积极有效地反馈，大学生才会真正学习到知识，提升自己的各项能力。

三、教学途径的“扬弃”

“目前高校思想政治教育中存在着采用封闭式德育以期回避或阻止社会的干扰和消极影响的倾向，但这种封闭式德育却是脱离社会现实的理想化教育。”①信息技术和信息网络的飞速发展，加快了全球一体化进程，必须重视多元价值观现象的存在，丰富教学的途径。

（一）坚守课堂教学

在信息高速发展的时代，对于思政课教学来说，课堂仍然是授课的主渠道，习近平在2016年全国高校思想政治工作会议上明确指出，“高校思想政治工作关系高校培养什么样的人、如何培养人以及为谁培养人这个根本问题。做好高校思想政治工作，要用足、用好课堂教学这个主渠道。”② 这就要求高校思政课教师切实用好课堂教学主渠道，筑牢意识形态主阵地。

思想政治教育在有组织、有计划的课堂教学活动过程中自觉实现。课堂教学有如下特征：一是科学性。思政课的课堂教学是以传授理论知识为主，通过对理论知识讲解来提升学生三观认识的过程。二是互动性。课堂教学过程是双向互动的，教师与学生互为课堂教学的主客体，积极引导学生参与课堂教学，以调动学生学习的主动性，积极有效的互动，会使教学效果事半功倍。三是快捷性。课堂教学是一个信息含量

① 杨世华：《大学生思想政治教育的针对性和实效性》，载《玉溪师范学院学报》，2004年第11期。

② 《把思想政治工作贯穿教育教学全过程 开创我国高等教育事业发展新局面》，载《人民日报》，2016年12月9日，第1版。

高，传播速度快的载体。

（二）重视网络教学

网络成为当代大学生学习、生活的重要组成部分，网络已是很多大学生获取知识的一种途径，网络对他们的学习、生活乃至思想观念发生着广泛而深刻的影响。但与此同时，互联网等信息媒体的快速发展，给腐朽落后文化和有害信息的网络传播以可乘之机，致使一些大学生精神空虚、行为失范，有的甚至违法犯罪。为此，有必要形成网上正面舆论的强势，开展网络思政教育是非常必要的。

实践中，网络教学方兴未艾，网络教学现在已经是高校普遍使用的另一种教学途径，它既方便又灵活，首先，它丰富了学生的受教途径，学生可随时观看授课内容；其次，网络教学具有良好的交互行。在思想政治教育网络教学进程中，一个非常显著的趋势就是强调受教育者更多的主动参与，主张教育者与受教育者之间通过信息资源更多的互动和交流，师生通过网络教学平台上的交流，弥补课堂中的不足，起到了加深理解作用；再次，教师也提高了自己的业务能力，通过网络平台，教师也大致了解学生的学习状况；最后，网络教学具有开放性，通过不同学校的思政课网络教学，能够整合资源，从而能够有效的提高教学活动的质量。

但另一方面，思政课的网络教学问题颇多，这主要表现在：第一，网络教学平台建设的重复性，各高校投入大量精力于此，特别对于高校“两课”网络教学平台建设来说，重复建设现象日益突出。第二，教学内容的重复性。大部分内容与课堂教学内容是一致的，重复出现，学生丧失学习兴趣。第三，由于技术要求较高，而大部分思政课教师缺乏相关的网络、摄像、剪辑等技术，这就需要技术工程外包，需要资金支持，导致部分高校的思政课网络课程建设中存在敷衍现象。第四，网络教育中，老师只能言传而无法以身教，网络的虚拟化使得师生之间的交流存在一定的障碍。

紧跟时代发展潮流，思政课教师必须充分认识网络作为新的信息载体在思想政治教育中的重要性，深刻认识互联网时代发展特点，善于运用互联网思维和新媒体技术，通过互联网开展大学生思想政治教育，在思政课网络教学中避免问题，解决问题，让思想政治教育“接地气”，创新高校思想政治教育工作的新途径。

（三）思政情景剧

影视作品对大学生有着重要的审美认识、教育作用，一定程度上，优秀的影视作品通过对大学生受众潜移默化的影响，所弘扬的内在精神成为大学生广为认可的价值追求，认真研究影视作品成功的经验对大学生进行思想政治教育意义重大。

马克思在《关于费尔巴哈的提纲》中论述：“人的本质并不是单个人所固有的抽象物，在其现实性上，它是一切社会关系的总和。”① 受影视作品、舞台剧影响，新时代，部分高校的大学生或以身边的真实故事、或以社会热点话题、或以校园热点话题等为题材创办思政情景剧，这是思政课教学途径的一次创新实践，这种创新实践寓思政教育于文化熏陶与思想浸润之中，突出学生的主体地位，通过情景创设所带来的体验式学习，通过大学生在舞台上极具感染力的表演，生动地诠释了思政课所要表达的主题，提升思想政治教育亲和力和针对性，激发了大学生的学习热情，受到了大学生的普遍欢迎。新时期，思政情景剧作为创新学生参与思想政治理论课教学的有益探索，也有利于大学生把思政课从课堂延伸到课外，值得高校思政课教师继续研究和探索。

---

① 《马克思恩格斯选集》第1卷，北京：人民出版社1995年版，第56页。

四、教师自身的示范作用

教师是学校办学的主体力量，师德水平高低是关系校风、学风，关系学生成长的重要因素。因此，教师在给学生传授理论知识的同时，还必须做到以自身人格魅力去影响和陶冶学生，而高校思政课教师在这方面的作用更为重要。这是因为，一方面大学生的身心正处在成长发育期，其世界观、人生观、价值观、道德观正处于逐步形成的过程中，可塑性很大，需要对其进行正确引导、教育；另一方面，学生往往把教师的一言一行作为自己的楷模，高校思政课教师在对学生进行世界观、人生观和价值观的教育时，其实际行动是最有说服力的宣传，“身教重于言教”。作为高校思政课教师不仅要传授好一般知识，更要成为思想道德素质教育的表率。

习近平总书记指出：“党的十九大作出中国特色社会主义进入新时代这个重大政治论断，我们必须认识到，这个新时代是中国特色社会主义新时代，而不是别的什么新时代。”在新时代，高校思想政治理论课教师必须保持强烈的时代精神和问题意识，坚持以问题为导向，做真学问、真做学问。高校思政课教师理应成为研究阐释习近平新时代中国特色社会主义思想的主力军，把研究阐释习近平新时代中国特色社会主义思想作为学术研究的重要职责和任务，进行扎实的学理探究，以教学活动为窗口，把研究阐释工作与教学活动相结合，通过深入浅出的讲解，让思想活跃的大学生真正信服，成为大学生思想上的指导者和引路人。

参考文献

[1] 成小明：《案例教学与思想政治教育的能力取向》，载《教学研究》，2004年第1期。

[2] 杨世华：《大学生思想政治教育的针对性和实效性》，载《玉溪师范学院学

报》，2004 年第 11 期。

［3］《把思想政治工作贯穿教育教学全过程 开创我国高等教育事业发展新局面》，载《人民日报》，2016 年 12 月 9 日，第 1 版。

［4］《马克思恩格斯选集》第 4 卷，北京：人民出版社 1995 年版。

［5］《马克思恩格斯选集》第 1 卷，北京：人民出版社 1995 年版。

［6］张宝君：《对高校思想教育活动载体建设的思考》，载《吉林师范大学学报》（人文社会科学版），2004 年第 6 期。

［7］翟翠玲：《对提高公共理论课教育实效性的两点思考》，载《吕梁高等专科学校学报》，2004 年第 4 期

［8］邹吉忠：《高校思想政治理论课教师的三重使命》，载《光明日报》，2018 年 5 月 18 日。

（作者简介：孙安忠，男，潍坊学院马克思主义学院讲师）

地方本科院校工科大学生创新教育模式探索

——以潍坊学院信息与控制工程学院为例

工科专业在科技创新方面有较为独特的学科优势，在当前的双创背景下，相对于创业能力而言，工科大学生的创新能力培养显得更为必要，创新能力的培养不仅有利于学生的就业，也能带动学生创业。要想做好创新教育，应针对地方院校的特点和工科大学生人才培养的特点来进行，探索适合的创新教育模式。

一、当前地方本科院校创新教育的现状和问题

当前，地方本科院校大多具有办学基础条件尚不尽完善、多学科发展但师资等教育教学资源相对不足等特点，内涵式发展后劲不足。[①] 创新教育现状也不容乐观，虽然有新工科的发展机遇，但由于教学条件、师资等的限制，短时间内不容易改变和升级。[②] 主要问题体现在以下几个方面：

---

① 李宝银：《地方新建本科院校转型发展的背景与途径：以武夷学院为例》，载《武夷学院学报》，2014 年第 1 期。

② 《“新工科”建设复旦共识》，载《高等工程教育研究》，2017 年第 1 期。

（一）创新教育理念缺乏

地方本科院校大多在高等教育普及化的浪潮下合并组建而来，建校时间短，整体师资质量不高，学校的发展往往首先注重外延式发展，如扩展校区、扩大办学规模、提升办学层次等，内涵式发展相对欠缺。教师往往满足于照本宣科式的课堂教学，实践教学效果不佳，学生缺乏创新实践，创新意识薄弱。

（二）课程教学体系老旧

在课程设置上，注重教师的主体作用，忽视学生角色，在教学方式上，注重知识的传授，忽视实际应用能力的培养。人才培养方案老旧，忽视学生的学习基础，对地方院校的本科生来说，多数基础薄弱、学习能力弱，学生能够学会学懂课程尚感觉吃力，更不用考虑创新的兴趣和积极性了。

（三）创新实践平台缺乏

由于经费欠缺，多数地方院校的实验室条件差，设备数量不足、性能落后。学生动手操作的机会少，实践课程上课的质量不高。工程训练的平台少，近几年，校企合作的实践实训平台多了起来，但学生参加往往流于形式。学生对工程一线的参与深度不够，达不到创新型人才培养的目标。

（四）师资力量不足

从创新教育的师资力量来看，多数工科专业老师缺乏工程实践经历，实践经验少，双师型人才缺乏。新引进的博士也是毕业后直接到高校任教，承担繁重的教学任务之外，自身也缺乏工程训练机会，指导学生创新的能力也需要一个积累的过程。师资力量的不足已经成为制约地方本科院校创新教育能力不足的一个突出问题。①

（五）体制机制不完善

目前，在大部分的地方本科院校，创新教育在工科学生的教育教学中，只是作为大学生课外科技活动，并未纳入人才培养方案。创新教育需要资金和场地，这对于经费紧张的地方院校来讲可谓是“额外的负担”。② 对有指导能力的专业老师热情投入创新教育、对年轻博士进行培养培训的机制还没有十分健全。这些体制机制方面的问题都需要进一步完善，也非一日之功。

二、潍坊学院信息与控制工程学院的实践和探索

潍坊学院信息与控制工程学院现设四个工科专业：自动化、测控技术与仪器、电子信息工程三个本科专业和电子信息工程技术（中外合作办学）一个专科专业。近年来，学院积极响应国家创新创业的政策号召，结合实际情况，致力于地方院校工科创新人才培养的教育实践，取得了一些有价值的成果和经验。

（一）注重宣传，营造氛围

作为工科院系，这几个专业历来与创新关系密切，在学院的发展过程中，积累了学生创新的许多成果，涌现出一批批创新的典型榜样。对这些成绩，通过各种形式和渠道进行宣传，让一级又一级的学生，在专业学习、成长成才的各个阶段，领悟并实践创新精神，作出创新成绩。

具体的做法有：通过网站、微信平台等载体大力宣传在科技创新类

---

① 刘玉秋、姜君娜：《新环境下高校思想政治理论课理论与实践研究》，哈尔滨：哈尔滨工程大学出版社 2014 年版，第 65 页。

② 李勇军：《大学本科教学管理研究：以湖南大学为例》，长沙：湖南大学出版社 2015 年版，第 147 页。

竞赛、专利论文等科研成果及其他校园科技文化活动中有突出表现的同学的先进事迹；举办科创经验交流会、科技创新成果展，表彰科技创新先进个人和集体，树立先进典型，充分发挥榜样的引领和示范作用，激发学生参与科技创新活动的热情。

这方面的工作，我们特别注重了两点：一个“开头”和一个“全面”。一方面重视“开头”，即对大一新生的入学教育。在入学教育阶段，通过创新专题讲座、参观创新实验室、学生科技类社团纳新等方式，在学生头脑中全面渗透创新精神，激发学生参与科技创新活动的热情；另一方面注重宣传的全面性，覆盖全体学生和学业发展的各个阶段。

（二）配置好师资和实验室条件，以比赛为抓手促进创新

在师资建设方面，学院于2011年选拔热心学生科技创新教育、在这方面卓有成效的5名老师，成立指导学生创新教育的专门教研室——电子设计与创新教研室。

一是开放实验室。在2011年，将原先的课程实验室面向全体学生开放，学生在课余时间可随时利用实验室的硬件和软件设施设备自主学习，进行专业实践。二是以各种专业类和创新类竞赛为抓手，以赛促学、以赛促练，做好传统赛事参赛工作，也积极参加新型赛事。在全国电子设计大赛山东省赛、全国青少年科技创新大赛、山东省大学生科技创新大赛、山东省大学生物联网创造力大赛、山东省大学生科技节各赛事等一系列传统和新型比赛中均取得了不俗的成绩。

通过比赛，学生积累了实践经验，深化了对专业的理解，有的同学通过比赛加强了作品实用性，并申请了专利，成果进行了转化，以比赛成果为依托，在学校创业孵化基地注册了公司。有的同学参加了社会上的与本专业有关的公司产品设计，利用专业知识服务经济社会发展。

（三）创新教育立足于提升学生的专业基础和实践能力

创新教育的根本立足点还是要放在学生的专业基础和实践能力上。没有专业基础和动手实践能力，创新无从谈起。除了强调在课堂和实验室学好专业课，我们也通过讲座、实训、企业参观、实习等方式来强化学生的专业基础和实践能力，在这些过程中，注重渗透创新理念。邀请校内外教授、专家和企业科研人员举办创新类讲座，让学生了解学术和技术前沿，开阔视野，增强科创意识；有校企合作关系的相关专业，学生在某个学习阶段到实训中心参加一定期限的实训，接收到行业一线的创新产品和理念；到相关高新技术企业参观、实习则是直接对产品从设计开发到生产、销售整个流程的了解和观摩。

通过这些，让学生夯实基础，创新能力提升才能有更好的支撑。近几年来，学生当中凡是创新能力突出，取得一定成就的，没有一个不是专业基础知识扎实的。

（四）积极探索思想教育与创新教育相结合的模式

创新教育的过程中，思政教育是不能缺位的。思政工作为科技创新提供价值指导和方向引领。以科创比赛为例，围绕比赛，主要做好三个环节的工作。

一是赛前动员环节，学工办、团总支组织指导老师和大三大四有参赛经验并获奖的同学，通过赛事宣讲、参赛动员会、经验分享等方式以及在课堂、课后积极动员学生尽可能多地参与报名，再“精挑细选”出优秀的学生组建团队。

二是赛中评审环节，在各种比赛过程中，赛队组建后，根据比赛的具体要求、参赛日程等安排，做好全面的保障工作，如暑期住宿安排、协调解决学生参赛中原材料经费的问题等。辅导员老师关注比赛进程，跟专业指导老师一起做好参赛学生的心理减压和疏导工作。

三是赛后分享环节，各项科创活动和学科竞赛结束后，均组织各团队以不同形式及时进行赛后总结，如经验交流和分享、作品展等，既展示成果，又总结经验，同时也有助于学生梯队的培养。

（五）教学内容和课程体系的改革

2018 年以来，面对新时代新工科发展面临的严峻形势，我院实施了综合改革，在课程和教学方面，进一步加强学生实践创新能力的培养，努力做好三个层次平台搭建：

一是专业基础平台。基于实验课程、课程设计、专业实训实习等专业基础实践环节，注重专业基础实践能力的培养，上课老师在课程教学内容中增加涉及最新实用技术的创新内容。

二是能力提升平台。基于学科竞赛，注重专业知识的拓展与实践能力，以赛促学、赛教结合，学习最新实用技术的开发应用，培养学生的系统工程理念。

三是工程实践平台。课程和教学体系的设计围绕三条工程实践能力培养主线（智慧供热、模式识别、运动控制），结合我院学生的专业培养目标和工程应用特点，加强工程能力培养，学习系统工程理论与实践知识，提升创新能力。

（六）保障机制

在学生创新的保障机制方面，我院主要做了以下几个方面的工作：

一是对指导教师进行激励。指导学生参加创新创业比赛、实践的老师，年度考核评优时，同等条件下优先考虑。在学院发放奖励性绩效工资时给予适当的工作量补助。

二是对学生进行激励。对参加各类学科竞赛、创业实践、作品展示、主持或参与科研项目、发表学术性论文、申请专利及成果转让、考取各类专业技术资格认证书的同学，实行创新学分置换、综合测评加分、推荐参评校级创新创业单项奖学金和一定的物质奖励。

三是做好具体保障工作。学院的学生工作办公室和团总支办公室积极为学生创新教育提供常规管理和服务，对涉及比赛事项的通知申报、参赛、出行、经费报销等程序性事项给予具体帮扶，做好学分互换的认定工作。对利用科技创新成果进一步创业的同学，则在场地、政策等方面给予帮助或协调。

（七）“1+多”模式总结

我院创新教育工作立足实际，形成了有工科特点的、可以概括为“1+多”的模式。

“1”就是1个抓手——科技创新比赛。在当前的大学生创新创业的大背景下，由于我院的专业特点，还应该以创新为主。我们以学生比赛为重要抓手，积极参加各种传统赛事和新型赛事，以此来促进创新教育的实施。注重积累比赛经验，经过几年的积累，教师指导能力、学生参赛水平不断提升。目前，在山东省的大学生物联网技术比赛、机器人比赛、智能硬件及制造等方面的赛事中，我院获奖情况逐年增加。尤其是在物联网技术和智能控制领域，教师指导水平和学生参赛水平在省内高校已属前列。

“多”就是多个平台，积极为学生搭建各种平台，助力学生创新。我们为学生开放了一间实验室，不限制时间和人员，由专人管理，为他们的创新实验提供空间；在课程和教学内容以及实践环节中，积极搭建其他平台。充分发挥各种平台的作用，最大程度上释放学生的创新活力。

三、结论

地方本科院校工科大学生的创新教育面临很多问题，问题的解决并非一日之功。潍坊学院信息与控制工程学院立足院情，努力探索符合地方院校实际的工科大学生创新教育模式，逐渐形成了以科技创新比赛为抓手、多个平台相结合的综合性创新教育模式。虽然也存在一些共性的问题，但也创出了一条有一定特色的路子。在当前的新工科背景下，地方本科院校要认清不足，抓住机遇，以开拓创新的精神做好工科大学生的创新教育。

（作者简介：马爱群，男，潍坊学院讲师）

高校院系教工党员联系学生班级制度的实践与研究*

——以潍坊学院物理与光电工程学院为例

习近平总书记反复强调，“办好中国的事情，关键在党”①。这是中国革命、建设和改革事业得出的一条基本结论。党的十九大强调，党的基层组织是确保党的路线方针政策和决策部署贯彻落实的基础②，是新时代“进行伟大斗争、建设伟大工程、推进伟大事业、实现伟大梦想”的主阵地。

高校要全面贯彻党的教育方针、落实立德树人根本任务，必须依托全体教师尤其教工党员，“把学校基层党组织建设成为宣传党的主张、贯彻党的决定、领导基层治理、团结动员群众、推动改革发展的坚强战斗堡垒。”③ 着力于培养德智体美全面发展的社会主义建设者和接班人。

近年来，潍坊学院物理与光电工程学院党总支落实在加强党的先进性建设的总体要求下，在潍坊学院教工党员联系学生、学生班级制度框

* 基金项目：2017 年度潍坊市委宣传部社科理论研究课题《“四个城市建设” 视阈下驻潍高校学生党支部志愿服务制度化创新研究》；2018 年潍坊市软科学研究计划项目《“文化名市” 视阈下提升潍坊市文化软实力的策略研究》阶段性成果。

① 《习近平谈治国理政》第 2 卷，北京：外文出版社 2017 年版，第 43 页。

② 《中国共产党十九大报告》，北京：人民出版社 2017 年版，第 65 页。

③ 《中国共产党十九大报告》，北京：人民出版社 2017 年版，第 19 页。

架内，积极探索建立教工党员联系学生班级制度，力求教工党员分别与学生、学生班级建立强连接，协助辅导员做好大学生思政教育及班级班风、学风、纪风建设，在实践中发挥党员先锋模范作用，引导大学生全面知党、向党靠近、积极入党，开拓了院系党建工作思路、带动了学生工作全体提升。

一、院系教工党员联系学生班级的价值旨归

（一）教工党员联系学生班级，是保持党员的先进性与坚持全心全意为人民服务根本宗旨的结合点

潍坊学院物理与光电工程学院教工党员联系学生班级活动，是党员积极践行党的群众路线教育实践活动、“三严三实”专题教育、“两学一做”学习教育活动等的一种校园操作形式，它结合保持党员先进性与做“四有”好老师要求，从学生立德成才实际需求出发，让党员教育教学活动下到学生一线中去，做好服务学生工作。教工党员以身作则，深入学生，围绕学生，关照学生，服务学生，真抓实干，务求实效地做好调研，协助辅导员开展学生班级建设，解决学生们日常学习和生活中遇到的困难。

为什么人的问题，是一个根本的问题，原则的问题①。为人民服务是共产党人的根本宗旨和价值追求，它是每个共产党员党性修养的最高原则和根本内容。教工党员以生为本、把自身思想政治素质提高摆在首位，以模范作用促进学生全面素质的提升，培养学生良好的思想道德、政治素质、创新精神和实践能力，把教育渗透到学生教育教学的各个环节中，以党员的党性修养与自身人格力量去全面地关照、影响学生发展，满足学生理性及情感需求，促进学生系统性、持续性、协调性地成

① 《毛泽东选集》第3卷，北京：人民出版社1991年版，第857页。

长与发展，从而体现出教工党员的先进性与全新全意为学生服务的精神。

（二）教工党员联系学生班级，是守职尽责与围绕学生、关照学生、服务学生工作的切入点

教工党员联系学生班级，一定程度上客服了高校教工党支部集中关注本组织的教师党员的政治学习和思想政治教育，对学生、学生班级日常管理及思想政治教育的直接影响有限，部分导致教工党员对学生进行专业学习指导和思想政治教育的分割，从而延缓和阻塞了校园大思政建设的进程。

把联系学生、学生班级作为高校及院系发挥党组织、党员先锋作用的工作切入点，能够切实发挥党支部的政治保障作用，打造社会主义和谐校园建设的组织平台。能够促进党员教师更好地履行岗位职责，更全面地围绕学生，更深入地关照学生，更彻底地服务学生；同时，学生也更好地在教师引导下成长成才，有助于高校师生基于师生互动的视角为学校综合改革和提高教育教学的实效性做出贡献，促使学校发展、教师成就、学生成才有机结合，助力校园和谐发展。

（三）教工党员联系学生班级，是加强党性修养与校院基层党建突破的着力点

习近平指出，“党性说到底就是立场问题”①。教工党员是一名人民教师，更是一名共产党员。在教育教学管理过程中持续地加强党性修养是一名教工党员政治觉悟的生动体现。只有加强党性修养，热爱学生工作与事业，才符合教工党员“教书育人”的基本行为准则与职业道德的根本特征。教工党员应时刻用知识的力量吸引学生，以自己的高尚品德、模范行为去影响学生、感染学生、带动学生，在与所联系的学生、

① 《习近平谈治国理政》，北京：外文出版社2014年版，第395页。

学生班级师生和谐发展中提高党性修养，努力做学生言行的表率，使学生真正从内心佩服、尊敬、崇尚教师、党员，自觉地服从管理和教育，积极地向党组织靠拢。

以往的高校党建工作多采用“校党委—院系党总支—教工党支部—教工党员”模式的纵向组织管理，在实施中往往党组织的严密性、纪律性得到加强，但管理结构的密闭性不断增长，个体党员主体性无法充分得到体现，党内生活的互动性、实效性有待进一步提升。教工党员直接联系学生、学生班级，丰富了教工党员发挥先进性示范的方式方法，密切了教工党员之间、师生党员之间、师生之间的横向沟通与交流互动，拓展了教工党员开展组织生活、体现党性修养与党员先进性的途径，党员教育的主体性、开放性和互动性进一步提升。校院基层党建得以不断突破，党组织的凝聚力和战斗力得以不断提升。

（四）教工党员联系学生班级，是参与大学生思想政治教育全员化与高校校园文化整体性建设的发力点

中共中央国务院在《关于进一步加强和改进大学生思想政治教育的意见》中提出，所有从事大学生思想政治教育的人员，都要坚持正确的政治方向，加强思想道德修养，增强社会责任感，成为大学生健康成长的指导者和引路人。教工党员联系学生、学生班级，作为大学生思想政治教育的参与者，不断增强教学育人、管理育人、服务育人意识，坚持教书与育人相结合、坚持解决思想问题与解决实际问题相结合、坚持教育与管理相结合，释放自身的先锋模范能量，积极教育引导对大学生进行社会主义核心价值观的教育与引领，指导学生学会学习、学会做人做事，把他们培养成中国特色社会主义事业的建设者和接班人。

教工党员联系学生、学生班级，是师生互动、和谐相处、共同发展的和谐校园文化的重要内容，是党员教师推进校园文化建设主导作用的直接体现，能够充分调动广大教工党员参与校园文化建设的积极性、主

动性、创造性，不断提高参与校园文化建设的意识和能力，发挥他们在校园文化建设中的示范和表率作用，为校园文化整体性建设做出实质性贡献。

二、院系教工党员联系学生班级的制度设计及实施路径

（一）提高思想认识，突出教工党员管理育人、服务育人中的作用

从思想上建党是中国共产党的优良传统，也是实现党的建设总目标的根本保证。我院在开展教工党员联系学生班级工作前，思想教育先行，系统组织教工二个支部的全体党员学习中共中央《关于在全党深入开展党的群众路线教育实践活动的意见》《关于在全体党员中开展“学党章党规、学系列讲话，做合格党员”学习教育方案》《关于推进“两学一做”学习教育常态化制度化的意见》以及中共中央、国务院《关于加强和改进新形势下高校思想政治工作的意见》精神，认真贯彻实施学校党委《关于进一步加强和改进新形势下思想政治工作实施意见》《关于印发教工党员联系学生、学生班级制度的通知》，坚持一体化育人，打通“三全育人”的最后一公里。在深入学习贯彻党的十九大精神，认真领会习近平总书记在全国高校思想政治工作会议重要讲话精神的过程中，坚持问题导向、目标导向，加强理念创新、手段创新和基层工作创新。

（二）建章立制定责，保障活动有序开展

建立长效的管理办法，是教工党员联系学生班级活动长期发展的保障。在潍坊学院党委制定的《潍坊学院教工党员联系学生、学生班级制

度》基础上，潍坊学院物理与光电工程学院党总支制定《潍坊学院物理与光电工程学院教工党员联系学生班级制度》《潍坊学院物理与光电工程学院教工党员联系学生班级实施细则》等管理制度和表格，从而明确了教工党员联系学生班级活动的职责、分工办法，切实按照安排部署落实各项工作，为活动的开展起到保驾护航作用。

1. 教工党员联系学生班级相关工作职责

（1）联系学生班级，正班风、促学风

了解班内学生思想动态以及学习、家庭、人际关系、心理健康等状况，积极开展有针对性的教育活动，帮助学生坚定理想信念，树立正确的世界观、人生观和价值观。引导学生正确对待学业、专业，明确学习目的，掌握科学的学习方法，刻苦学习，不断提高学习成绩，努力掌握专业知识。

（2）联系弱势群体学生，边扶困、边扶志

了解掌握学生的实际问题，对学习困难、家庭经济困难等特殊群体学生重点关注和个别指导。及时了解学生关心的热点、难点、疑点问题，做好解惑释疑工作，在力所能的情况下帮助学生解决思想、学习、生活中的实际困难。

（3）联系班委会、团支部，指导学生干部成长成才

指导学生干部进行管理目标、成才目标设定和能力提升规划设计，指导学生干部引领学生班级校园文化建设、科技创新、志愿服务、社会实践等活动，提升领导组织能力，让他们既受到教育，又增长才干，提高综合素质。

（4）联系辅导员，指导学生班级日常管理及事务工作

指导辅导员开展好党团活动、学生班级建设、宿舍管理、就业教育、安全稳定等工作，帮助辅导员及时处理学生中出现的重大问题和突发事件，及时向有关部门反映学生的意见和建议。

2. 教工党员联系学生班级的组织方式

（1）一位党总支部书记或委员联系一个专业；

（2）一位教工党员联系一个学生班级；

（3）一位教工党员至少联系一个学生宿舍（或二课活动小组）；

（4）一位教工党员至少联系一名入党积极分子；

（5）一位教工党员至少联系一名弱势群体学生。

3. 教工党员联系学生班级的具体操作方式

每位教工党员每学期至少做到：

（1）深入学生班级课堂一次，了解学生的课堂表现，指导和帮助学生解决学习、学业问题；

（2）深入宿舍一次，了解学生的公寓生活动态，指导学生的宿舍安全卫生人际问题；

（3）加入一个学生、学生班级 QQ 群或微信群，有针对性地开展线上思想政治教育工作；

（4）与辅导员交流和沟通一次，帮助辅导员做好学生班级教育管理工作；

（5）开展一次学生班级主题教育活动或主题团日活动，通过班会、讲座、报告等方式，指导解决学生中带有普遍性或典型性的问题；

（6）开展一次所联系学生班级的调研活动。通过召开座谈会、开展谈心谈话活动等形式，听取学生对学校、学院的意见和建议；

（7）参加一次班委会或团支部工作例会；

（8）与所联系的入党积极分子谈话一次；

（9）与所联系的弱势群体学生谈心谈话一次（或提供生活帮扶一次）。

（三）严格监督考核，确保活动取得实效

潍坊学院物理与光电工程学院党总支制定《潍坊学院物理与光电工

程学院教工党员联系学生班级考核办法》，切实按照安排部署落实各项工作，为活动取得实效保驾护航。

1. 明确党总支考核职责

各教工党支部、党员联系的学生班级、学生自愿选择，报党总支备案后一学年内不得调整，一学年后再确认或调整。党总支汇总全部联系学生班级情况后，统筹活动的组织实施并考核，两个教工党支部各司其职，根据本次活动的统一部署，由各党支部书记负责本支部联系的组织落实工作。

2. 强化档案管理

健全教工党员联系学生班级日常档案。每学年初，每一名教工党员领取一本《潍坊学院物理与光电工程学院教工党员联系学生、学生班级工作记录本》，将日常联系学生班级的情况随时记录备查。每一名教工党员在学年末提交一份《潍坊学院物理与光电工程学院教工党员联系学生、学生班级工作报告》，对整个学年联系学生、学生班级的情况作出总结。

3. 实行阶段性考核制度

学院党总支定期检查活动开展情况。每一次记录，需要教工党员、学生代表、辅导员先后签字确认。教工党员联系学生、学生班级工作记录本在学期中、学期末分别上交党总支参与阶段性审核。在档案审核之外，在活动实施期间，学院党总支派员定期深入到各专业、学生班级中去，通过与学生座谈、利用网络媒介收集学生反馈等方式，了解和掌握各教工党员联系学生班级工作活动开展的情况，并给予指导，确保活动质量和进度。

三、院系教工党员联系学生班级的实践经验

将党支部自身的先进性建设与落实高校立德树人根本任务深度融

合，建设教工党员联系学生班级制度，学院教工党员的责任意识得到激发，先锋模范作用得到充分发挥，参与学生思想教育工作的积极性被充分调动起来，院系基层党组织的政治核心的地位得到加强，各教工党支部的凝聚力、战斗力不断增强。

制度实施以来，学生在日常生活、学习、成长过程中随时都能感受到党员党性的温度。教工一支部的党员为所联系的学生、学生班级举办“量子测量”等系列报告会，指导学生创新创业，学生参加全国“挑战杯”大学生课外学术科技作品竞赛、全国大学生电子设计竞赛、全国大学生物理师范技能大赛、山东省大学生物理科技创新大赛、SRTP 等科技创新和学科竞赛活动，获得国家级奖项 10 余项，省级奖项近 200 项，获得发明实用新型专利授权 40 余项。教工二支部的党员发动本支部党员教师积极开展考研学生帮扶活动，有效地提高了学生考研成功率。2017 年 205 名毕业生中考取 47 名研究生，在 2017 年全校教学工作大会上，学院均被评为考研工作先进单位；2018 年 234 名毕业生中考取 71 名研究生，考研率再创新高。学生在考研录取率、大学英语四、六级通过率、大学 IT 通过率、获得学科竞赛省部级以上奖励数量等多方面均据全校前列，1 名辅导员获山东省十佳辅导员称号，1 名辅导员被评为山东省高校思想政治工作先进个人。学院的人才培养及大学生思想政治工作质量稳步提升。

让大学生在校期间不仅要从组织上入党，更要从思想上入党，过去往往只是负责学生党支部管理的教工党员职责。教工党员普遍联系学生班级后，教工党员在日常与学生、入党积极分子的联系沟通中，真正做通学生们的思想工作，做学生学习、践行马克思主义的领路人、入党介绍人的责任，端正学生入党动机，营造风清气正的发展学生党员的氛围。在教工党员加强学生思想引领助力下，大学生入党积极分子队伍不断壮大，入党积极分子的思想觉悟日益提高，入党积极分子、发展对象、党员等典型示范作用得到全面发挥，带动了更多学生主动申请入党、发展成为正式党员。

院系教工党员联系学生班级制度带动学院学生工作全面增质提效，在2017年、2018年全校学生工作考核中连续位列第一，取得了良好育人效果及示范效应。已有的实践表明，教工党员联系学生班级，不仅是高校进一步加强基层党组织先进性建设的有效途径，也是提高学生思想政治针对性、实效性的有效方法之一。

四、加强院系教工党员联系学生班级长效机制的思考与研究

党的先进性关乎着党生命之本，主要体现在每一名党员发挥先锋模范作用的素质、能力、知行合一的实践中。教工党支部党员联系学生班级工作，是我党“从群众中来，到群众中去”的工作方法的直接体现，作为新形势下加强和改进基层党建工作的模式和举措，是不断加强高校基层党组织战斗堡垒作用的必然要求和具体实践，具有鲜明的探索性、实践性、前瞻性。为加强院系教工党员联系学生班级长效机制的建设，今后应努力的方向是：

（一）科学分工，提升教工党员联系学生班级工作的主动性

合理分工，不断克服工作中的形式主义，在安排教工党员联系学生班级工作时，兼顾教工党员教育教学管理工作的实际、与所联系学生班级的联结情况、个人精力与时间保障的自主性，使其摆脱完成任务、走形式的思维，充分发挥工作的主观能动性。

（二）扩展载体，保障教工党员联系学生班级工作的实效性

在教工党员联系学生班级的实践过程中，进一步传承和借鉴兄弟院系与学校一些好的做法和传统，尤其重视隐形教育作用的发挥，寓大学

生思政教育于日常生活学习实践中，为增强教工党员联系学生班级工作的实效性，不断融洽师生之间的关系，不断扩展联系工作的载体，在迎接新生、专业教育、学涯设计、职涯规划、发展入党等大学生关键时间和场合中，以仪式感增强获得感，用融媒体等大学生喜闻乐见的形式组织教育内容，在实践中发挥实效，以期收到良好的效果。

（三）科学调研，提高教工党员联系学生班级工作的针对性

今后，在活动的前期、中期、后期全过程，及时对教工党员联系学生班级工作涉及的问题、解决方法、解决效果进行充分、科学的调研，这是将工作落到实处，避免形式主义的有效途径，是提升工作质量的必要步骤。我院活动领导小组不断进行教工党员联系学生班级工作的大调研，到教工党员中去，到学生中去，到活动的不同阶段中去，实行动态研究，全力确保工作落实、落细、落小，以期提高相关主题工作的针对性。

（四）及时反馈，增强教工党员联系学生班级工作的持久性

细化项目、加强执行、及时反馈，不断总结工作过程中积累的实践经验，积极探讨实施进程中出现的现实问题，认真评估活动进行将要面临的压力与挑战，是充分发挥制度的示范效益、促进师生联系相长的关键步骤，是促进工作良性循环、不断正向强化制度的核心环节，是提高制度持久力的必要之举。

（作者简介：金波昌，潍坊学院讲师）

基于行为技巧的高校思想政治教育教学*

当今社会正处在全面变革的关键时期。在每一个领域，都要求不断创新、持续突破，“变”既是时代发展的永恒主题，也是新时代最迫切的要求。现代教育的发展，信息网络的兴起，多种教学模式的不断探索，而师生间的交流、互动越来越被忽视，人的最本性的需求被淡化，伴随着科技手段在教学中的应用，教师与学生的直接互动越来越少，抵近凝固状态。冰在物理学意义上是一种状态，在课堂教学中也是一种凝固状态，改变教师与学生之间的这种凝固状态，就是破冰。打破师生间的僵化局面，形成师生良性互动的状态，将行为技巧融入高校思想政治教育教学即是破冰之旅。

一、背景分析

高校思想政治教育教学是整个高校教育教学系统中一个非常重要的环节。它不仅是教学工作中的基本组织形式，也是开发学生智力、培养学生品行素质的重要阵地。虽然现代教育媒介和网络化教学方式的迅速崛起对课堂教学产生了巨大影响。然而，高校教育教学的师生课堂互动

* 基金项目：“新时代青年思想政治教育”的阶段性成果。

环节是任何其他教学模式所无法替代的。这是因为，根据马克思所言，人的本质，在其现实性上，是一切社会关系的总和。因此，师生之间的交往关系是人成其为人的重要组成部分。就我国大学4年学制而论，除教育实习、公益活动、社团组织、毕业论文撰写或设计等内容外，其余大约4/5的教学计划都是通过师生的课堂教学来完成的。但当前课堂教学中普遍存在一些问题，这些问题的解决需要教师积极引导，使得学生能够获得新知识、新思维。

（一）高校课堂教学存在的问题

学生视角。学生观念和思维方式的转变至关重要。步入高校，大学生在思想上和行为上都日趋独立化。他们具有独立思考问题和解决问题的能力，但并不一定准确，思想上还不够成熟，进而会对其自身行为产生一定的不良影响。新知识的传授主要是通过教师的讲授和发问来进行的。全体学生的学习只能按照教师预先设计的一系列问题，齐步前进。学生几乎没有可能从自己的实际出发，主动积极地学习一点东西。大学生不能深刻把握课堂教学以及学科开设的重要性，依靠主观印象和道听途说对课程性质妄下定论，不明确在大学课堂上能够获得的不仅仅是知识，更是个人的综合素养，缺乏课堂参与性，没有积极参与到课堂教学中来，缺乏主动性，被动地接受知识，按照中小学的学习方式来继续学习。因而教师的授课风格尤为重要，一旦第一次课无法震撼学生的心灵，今后的教学将是非常困难的。

教师视角。教师观念和思维方式的转变举足轻重。教师作为课堂教学中的重要主体，应当明确教师不仅仅要教书，更要育人，而育人就不仅仅是完成课堂教学内容，而是要重视课堂反馈，要时刻关注学生的课堂变化以及思想成长，要实现教与学的互动。联合国教科文组织编写的《学会生存——教育世界的今天和明天》一书对教师的角色作了精辟的论述：教师的职责现在已经越来越少地传递知识，而是越来越多地激励思考；除了他的正式职能以外，他将越来越成为一位顾问，一位交换意见的参考者，一位帮助发现矛盾论点而不是拿出现成真理的人。他须集中精力从事那些有创造性的活动、相互影响、讨论、激励。“教师和学生要建立一种新的关系，从‘独奏者’的角色过渡到‘伴奏者’的角色，从此不再主要是传授知识，而是帮助学生去发现、组织和管理知识，引导他们而非塑造他们。”①

由此可见，高校教育传授给学生的不仅是知识，更是一种理念，一种思维方式，是“渔”而非“鱼”。思想政治教育的主体并不仅仅局限于思想政治教育教师，高校的所有群体存在和个体存在，教育教学的方式方法等都应该而且可以成为思想政治教育主体。既包括教师群体，也包括学生群体；既包括学校部门机构，也包括社团组织；既包括教育媒介，也包括教育模式。然而，在思想政治教育教学的具体实践中，往往易于忽视思想政治教育主体的多元存在，更谈不上主体之间的多元互动。

（二）行为技巧在教学中的重要性分析

随着现代社会信息传播方式的多样化、人们获取信息的途径及渠道的多样化，当代大学生与以往高校大学生相比具有鲜明的时代特点。

其一，基础差异。文理分科带来的思想政治教育教学课堂授课弊端。大学生的中学理论基础参差不齐，教师在授课过程中有些简单的概念问题或历史事件直接跳过不讲。然而，由于学生对以往知识掌握的程度存在一定的差异性，仍有一些学生不懂，这样就很难跟上教师讲课的节奏，从而产生厌学心理，进而退出课堂参与。

其二，既定认知。社会是人生的另外一所大学，大学生在尚未步入大学校门之前，已经在社会中习得了一些知识，这些认知大多是听别人

① 联合国教科文组织编：《教育——财富蕴藏其中》，联合国教科文组织总部中文科译，教育科学出版社1996年版，第136—137页。

说的，未经自身实践证实。还有一些是来源于网络，在他们的头脑中对很多事物已有自己的判断，然而这些判断是片面的、不系统的，要纠正这些带有偏差的思想，比直接灌输新的知识，更具有难度。

其三，实用主义。受当今市场经济不良思潮影响，很多学生在选择专业时更多的具有功利性质，有用，我就学；没用，直接放弃。要引导学生明白，每一学科的开设都具有多角度的价值，破除当今社会对学生思想的影响，培养开拓进取的创新思维。

其四，学而时忘之。要求教师善用行为技巧，不断总结回顾，结合学生课堂言行表现，联系课程内容做出点评。教师进行总结串讲后，引导学生参与到教学中来，进行自我总结，本课程印象最深刻的一个词、一句话，收获最大的一点以及哪个最关心的问题得到解决。

二、理论支撑

有一种艺术能够点亮学生的心烛，那就是教育的艺术。卢梭认为："教育的艺术就是使学生喜欢你教的东西。"读懂了这句话，也就明白了教育艺术的核心——学生喜欢你教的东西。如何让学生喜欢你教的东西，这就是教育艺术的主体——教师教育教学的行为技巧。日本东京大学东洋教授指出："在教学方法上，永远有那么一种只能称之为艺术的部分，它是每一位教师经过长期摸索、反复试行才能获得的结果。不过，我们也可以事先判断出有哪些部分是能够加以分析说明并使之技术化的；然后以此为线索再去逐渐扩大这些足以构成人类共同财富的技术部分的比率，这也应该是完全可能的。"①

（一）概念导引

行为在某种意义上来讲更能震撼人的心灵，行为的直观性能让学生

① 大河内一男等：《教育学的理论问题》，曲臣等译，见李如密：《教学艺术论》，济南：山东教育出版社1995年版，第34—35页。

印象深刻。行为是一种立体的、多维的并通过体态神态进行信息传递的物质载体，是将抽象的思维直接转换为动态的感官形式，用来加强信息传递的整体印象和表意效果。高校思想政治教育教学更应注重对学生的“身教”，通过行为的变化与学生进行肢体上的沟通。

正像教育家加里宁说的那样：“教师每天都仿佛在一面镜子里，外面有几十双精细的、敏感的、善于窥视教师优点和缺点的孩子眼睛，在不断地盯视着他。世界上没有任何人能像教师这样对年轻的心灵产生如此深远的影响。因此，教师的一举一动都应该是精雕细刻，能经得起研磨推敲的，都应是科学的、有益的、高效的。”“教师的世界观、他的行为、他的生活、他对每一现象的态度，都这样那样的影响着全体学生。这点往往是察觉不出的。”① 教师这种行为应该是优化的，最好是艺术的。

教学行为艺术是指教师参与教学，通过行为的变化对学生进行行为引导，或者通过特定的行为应对教学中出现的偶然事件，以实现与学生良性互动并达到有效对接的能力。其特点是用高度个性化和个人化的方法来研究教学，这种艺术具体表现为一种认知，教与学是一种高创造性和极个性化的活动。

（二）教学流程

“教学过程是一种交往过程”。② 教学活动是一种信息活动，教学的信息传递是一个双向互动过程，教师和学生都是信息源，又都是信息的接收器。在教学系统的信息活动中，各种要素相互作用、相互联系，在整个教学活动中存在两个子系统，教师系统和学生系统。教师教的系统处于先导、预设地位。问题是可以预设的，学生反应是可以预测的，课堂效果是可以设计的，教学内容是可以提前配置出来的。学生学的系统

① 程相韬编著：《教师行为艺术》，呼和浩特：远方出版社2005年版，第3页。
② 叶澜：《教育概论》，北京：人民教育出版社1996年版，第40页。

处于反馈、生成地位。学生在接受知识的过程中对教师的引导行为予以配合，相互作用，形成教师系统与学生系统的互动运行。双系统教学理念指导下的行为技巧为主体的教学流程如下图：

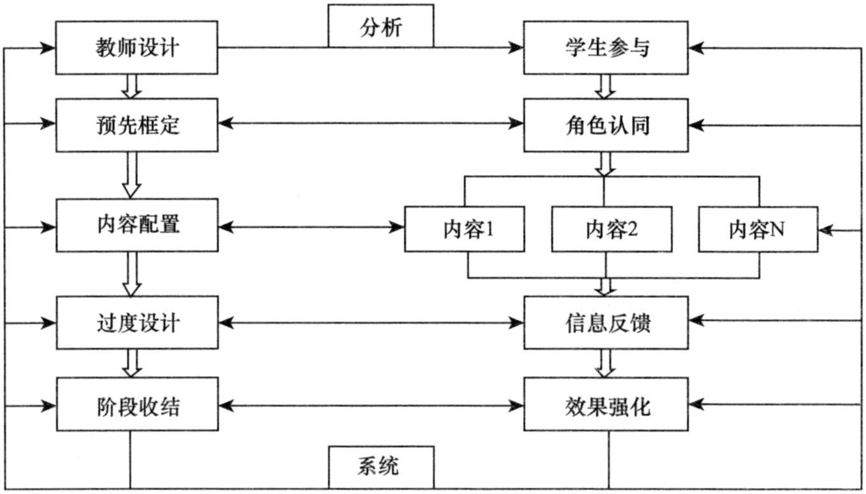

以行为技巧为主体的教学流程图

三、方案策划

人的言语和身体的动作是一种复合的过程，在人际交流上，必须将这些因素结合起来，才能达到真正的了解和沟通。① 教师在授课过程中，总是要呈现给学生一种形象、一种姿态以及一些示范性的动作。这些身体姿态、动作构成了表示意义的信息传输系统，它包括眼神、空间、手势、身姿和一些哑语、符号等其他动作，它是一种重要的教学辅助手段。正如苏联教育家马卡连柯所言，高等师范学校里，将来必然要教授关于声调、姿态、运用器官、运用表情等课程，没有这样的训练，我是

① G. I. 尼伦伯格、H. H. 卡莱罗：《怎样洞察别人》，蔡庆兰译，北京：世界图书出版公司 1989 年版，第 1 页。

想象不出来可能进行教师工作的。[①] 在教师的教育教学行为中，人们往往对言语行为比较重视，师范教育中特别强调普通话的重要性，而对非言语行为的行为技巧往往重视不够。在没有进行过专门学习、没有接受过专门训练、没有经过职业化处理，一般教师都会具有一些不良的或没有意义的行为习惯，因此，教师的自我提升与培训尤为重要。

（一）眼神对接

眼神与表情是最富表现力的形体语言，应该说是被人所公认的。正如孟子所说："存乎人者，莫良于眸子，眸子不能掩其恶，胸中正，则眸谅焉，胸中不正，则眸子列焉，听其言也，观其眸子，人焉瘦哉。"[②] 莫里斯对人类的"眼睛"下了这样的定义：它直径大约 2.5 厘米，但却像是从石器时代以来就有的最复杂的电视摄影机。在眼球后方感光灵敏的角膜含有 1.37 亿个细胞，将收到的信息传送至脑部。这些感光细胞，在任何时间均可同时处理 150 万个信息。

眼神是一种非常高效的课堂调控手段，同时也是营造良好课堂氛围的方法，一个高效的教师常常懂得如何运用眼神来管理课堂。枪挑一线，左右加中间，后面压前面，控制全场。这样可以有效地扫视课堂死角，使得所有的学生都能与教师的目光实现对接，有被重视的感觉。教师在整个课堂授课中一定要注意眼神运用的范围、次数以及停留在某一方向的时间与间隔。要在教学实践中不断地提升课堂掌控能力，以达到与学生的双向交流互动。

（二）行为空间

美国学者朱利·法思特把社交活动的个人空间分为四类：密切空

---

① 马卡连柯：《论共产主义教育》，见邱国樑编：《马卡连柯论青少年教育》，北京：中国青年出版社 1984 年版，第 303 页。

② 夏延章等译注：《四书今译》，南昌：江西人民出版社 1986 年版，第 146 页。

间、人身空间、社交空间和公共空间。一般来说，教师应该懂得各种距离的含义。人际距离越远，就越显得疏远和严肃；人际距离越近，就越显得亲近和随意。教师上大课（合堂课）时，与学生建立的是公共空间（4—8米）；上小课时，是社交空间（1.5—2米）；参加学生课堂讨论时，属于人身空间（60—90厘米）；辅导学生做作业时，则建立起密切空间（20—60厘米）。不论在课堂内外，教师都应根据周围的具体人际关系调节自己的个人微观空间，以求创造完善和谐的育人效果。

师生距离既包括教学过程中师生的空间距离，也包括师生间的心理距离。当教师从讲台上走下来时，身体位置降低了，与学生的心理距离也就拉近了，产生出一种亲切感。有时为了启动学生思考，教师走到学生中间，跟学生一起看讲台，这时教师似乎变成了学生，跟学生一起解答难题，这时，师生之间的亲切感最强烈，教师也可以走到学生的身边以抑制学生的不良行为。教师应当利用各种位置加强教学效果，并与学生建立起师生和朋友的双重关系。

（三）变音控音

发声、语音和语调的变化在课堂讲授过程中具有重大作用。音调和音色对于信息的传导起80%的作用。语言表达逆转的运用可以起到意想不到的教学效果："急话慢说，慢话急说；重话轻说，轻话重说；大话小说，小话大说。"梅拉比安教授的研究表明："你的音调——语调、响亮度和声音传送——在与人们不是面对面交谈时如打电话的时候，所占的可信度为84%。"[①] 构成声音表达的四个元素是松弛、呼吸、发生控制和响亮度。每个元素都可以通过练习得以改变，从而提高发声的效果。在多媒体教室，有话筒，要学会运用弱气息，吐声母，归韵母。掌握好发声的抑扬顿挫才能很好地控制课堂节奏。

---

① 伯特·德克：《沟通的艺术：在日常工作中实现人际影响》，李军军等译，广州：中山大学出版社2001年版，第57页。

课堂中运用停顿能有效控制课堂授课节奏。要让停顿成为习惯。练习停顿并得到反馈，了解停顿在整个授课过程中的自然性。停顿十分关键。宁断不乱，停顿是为了更好地控制课堂。不说话的人永远影响说话的人。断在当断之处，句与句之间、重要名词术语概念前、提问之后必须停顿，结论前后停顿。

同时，在课堂教授过程中一定要避免非语言词汇的使用，这会给学生带来负面的干扰和影响。非语言词汇是进行有效沟通的障碍，如“恩、哦、啊、奥、这个、好的”等等，如果在课堂讲授过程中养成习惯，不仅会使得所授内容被阻断，而且令人感到困惑。

（四）手势示意

人际之间的思想情感交流，主要渠道是有声语言。除此之外，手势的交际功能就是最显著的了。手势的变化能够表达出很多情感特质，如：尊重、愤怒、谦卑等。手势是一种无声的非语言符号，与语言符号共同构成思想政治教育育人的重要方式。手势可分为有效手势和无效手势两种。前者是主体为了表达某个意思而做出来的，后者则是无意而为之，但它也能显示出主体的心理状态。这两种手势在课堂上都有所表现。教师应很好的了解和把握手势表示的意义，进而能够很好地以手势辅助教学，扬长避短。

有效手势是指思想政治教育教师在引导学生与其进行互动时，而广泛使用的具有某种意图的手势。不同的手势具有不同的教育目的，或调动听者注意力、控制课堂气氛；或进行思想启发、激发学生思考。如：五指伸开，掌心向上，置于胸前 30 厘米处，这是鼓励的、启发的手势，能鼓励学生发言或参加某项活动时获得较好的效果；掌心向下，置于胸前，这是安抚的、劝阻的、制止的手势，比如让大家不要伤心，请大家安静下来，或不让大家轻举妄动等。

无效手势是指教师在思想政治教育教学过程中下意识的手部动作，

它是手势动作定型中的一种随意摆动。说它随意，是因为它没有传递出有效信息，也没有行为引导的意图，是思想政治教育教学主体在进行语言教学中的无意识的多余动作，它与思想政治教育教学目标没有相关性。这类无效手势，作为平时交往讲话，可以不必十分讲究，但作为课堂教学需要，我们应该对这些无效手势进行限制，并做些手势调整。

四、结语

教育教学是一门艺术，掌握和运用好这门艺术需要教师智慧的巧妙运用。思想政治教育教学艺术的核心是与学生保持良好的互动关系。加里宁说："教育是一种困难的事业，优秀的教育家们认为，教育不仅是科学的事业，而且是艺术事业。"① 思想政治教育教学的实践表明，一次次成功的教学更多地依赖于教师的个人魅力、学识才华以及正确教学方法的运用。思想政治教育是一门艺术，思想政治教育主体的行为也是一种艺术，思想政治教育多元主体间的互动更是一种艺术存在。将行为技巧引入高校思想政治教育教学，正是对教育艺术的进一步发展。

（作者简介：邹丽萍，女，潍坊学院马克思主义学院副教授）

① 胡光舜：《人才箴言录》，武汉：华中师范大学出版社1991年版，第78页。

利用新媒体加强大学生思想政治教育

在新媒体影响力日益扩大的舆论环境中，如何更有效地引导舆论、宣传主流意识形态？如何构建大学生思想政治教育的网络新平台？这是新形势下摆在大学生思想政治教育工作面前的崭新课题。

一、新媒体对推进大学生思想政治教育的重要意义

国外关于新媒体的研究主要集中于以下三个方面：一是从技术角度对新媒体的发展与规律的分析与论述。如珍妮特·阿贝特（Janet Abbate，1999），马丁·坎贝尔和威廉·斯普瑞（Martin Campbell & William Aspray，2004）等；二是探讨新媒体给社会文化、国家规制及商业经济等方面带来的各类影响。如罗杰·菲德勒（Roger Fidler，2000），特里·弗卢（Terry Flew，2008），约翰·帕夫利克（Jonh Pavlik，1996）等；三是对新媒体发展趋势的研究。如唐娜·哈拉维（Donna Haraway，1991），约斯·德·穆尔（Jos de Mul，2007）等。上述研究揭示了新媒体为人类历史的发展提供的新的可能性，对数字时代人机互动的前景做出了大胆预测。

国内对新媒体的研究热点主要集中在以下几个方面：一是靖鸣、臧

诚（2011）、杨玲（2011）、姜杉（2011）等关于媒介融合的研究，涉及各类媒介、传播技术和其他行业之间的融合。为大学生思想政治教育的现代化发展带来了新的理念。二是杨璐索（2011）、朱妍（2011）、周葆华（2011）等从不同视角对微博等新媒体形式的研究，为新媒体的拓展开辟了思路。三是李懿洐（2011）、吴银胜、梅建兵（2011）等人对虚拟社会的研究，将对新媒体的传播形态的研究引向深入。

对于什么是新媒体，至今还没有一个统一的概念，但也存在着一定的共识：一是“新”。新媒体是利用数字技术和网络技术等新技术的支撑发展起来的媒体形式，具有不同于传统媒体技术的一些新的思维形式；二是注重交互性。新媒体与传统媒体的重要区别之一就是其人与人之间的信息交流，打破了传统媒体的单向传递方式，具有长足的进步；三是广泛的参与度。与传统媒体相比，新媒体传播的速度、广度和深度有了空前的提高。因此，新媒体的概念可以概括为：**建立在信息技术、数字技术等新技术基础之上，实现实时交互地传递信息的媒介。**

（一）新媒体具备以下特征

1. 信息容量大，实现了全媒体传播

传统媒体时代，报纸的传播方式是文字和图片，广播的传播方式是声音，电视电影等采取了动画的方式与受众沟通。与此相比，新媒体不仅支持文字、图片的传播，还支持音频尤其是视频等多媒体信息，具有全媒体传播的效果。

2. 信息的传递迅捷、即时、全时

传统媒体信息发布从一天到几个月不等，所以周期相对较长，热点问题形成正式报道需要很长时间，因此大学生参与这些问题的积极性有时候会受到抑制。而新媒体时代的信息传播模式可以说是颠覆性的，很多信息不需要经过严格的审查和议程设置，因此能够在第一时间到达受众。传播的实时性也能更好地通过新媒体得到充分的体现，其时效性能够达到定时、即时、实时。

3. 能够极大地促进传播主体和受众的交互

新媒体出现以前，信息的传播方式一般是单向的，点对面式的，传受主体是分离的，信息的传播者与受众之间基本没有互动。而在新媒体时代，每个人都可以是信息源，也可以是信息的接受者。新媒体传播不再是新闻单位、记者等机构和权威的事情，每一个主体都可以参与其中，“人人都是记者”的时代已经来临。这可以说是新媒体最大的优势和特点。

4. 传播主体的虚拟化

新媒体的一个显著的特征是其主体的虚拟性。参与新媒体的每个个体对其他人都是不可见的。这种虚拟性的特征给网络交流带来了不同于传统媒体的新变化。一方面大学生可以在平台上充分自由地表达自我，能够放松地展示出内心深处的观点，有利于思政工作者了解学生真实的思想动态。另一方面由于缺乏监督，有些不负责任的言论也会给舆论引导带来较大困难。

（二）新媒体对于推进大学生思想政治教育的重要意义

基于新媒体的强大影响力，大学生思想政治教育工作者应学会积极运用新媒体，把握媒介传播规律，完善信息传播技巧，主动引导舆论方向。目前，越来越多的高校开通门户网站、微博、微信账号，探索运用新媒体推动思想政治教育工作的创新。新媒体的出现既能打破传统媒体信息单向传递的不足，也能更好地了解当代大学生的思想动向，对大学生思想政治教育发挥了重要作用。

1. 可以利用新媒体扩大宣传教育

新媒体即时性的特点能够使大学生思想政治教育的主体更及时地发布相关信息、更快捷地宣传和解读社会热点问题。大学生可以通过这些平台即时了解当前国内外最新形势，把握权威媒体对这些问题的分析看法，起到答疑解惑的作用。

目前，几乎所有高校和大学生思政中心都建立了官方微博、微信等自媒体平台，利用这些平台发布信息，加强宣传，取得了显著成效。

2. 可以利用新媒体把握大学生思想状况，引导舆论方向

新媒体的特点对大学生思想政治教育有着天然的适应性。首先，大学生群体思想前卫，愿意接受新生事物。新媒体以其自身新奇、互动、平等、全媒体的特征对大学生有着较强的感染力。思政工作者运用新媒体，聆听学生声音，了解大学生的真实想法，能够更好地把握学生的利益诉求。思想政治工作者也可以通过新媒体平台，加强与学生的交流，拉近和学生的距离，增强学生对主流价值观和意识形态的了解和认同，或通过新媒体平台组织各种活动，就社会热点话题和学生互动，积极回应其诉求，增强对大学生的影响力。其次，新媒体参与主体的平等性、广泛性和参与方式的交互性等特性符合新时代大学生追求民主平等的诉求。对于促进大学生的政治参与培养其民主意识都具有特别重要的意义。新媒体以其信息量大、更新速度快、消息来源广的特点，必将成为大学生思想政治教育的重要平台。

（三）利用新媒体推进大学生思想政治教育的可行性

1. 新媒体的快速发展

截至 2018 年 6 月 30 日，我国网民规模达 8.02 亿，其中手机网民规模达 7.88 亿。[①] 由此可见，我国新媒体的传播已经具备了必要的硬件支撑。从早期的电子邮件、电子公告牌、博客到现在的 QQ、微博、微信等新的媒体形式不断推陈出新。在此基础上又经过创新融合发展产生了

① 《第 42 次中国互联网络发展状况统计报告》，中国互联网信息中心 http：//www.cnnic.net.cn/hlwfzyj/hlwxzbg/hlwtjbg/201808/t20180820_70488.htm

手机电视、网络报纸等组合形态。

目前，新媒体的发展表现出非常鲜明的特点：第一，新媒体的应用领域日益扩大。借助网络的普及，新媒体的应用从点到线到面，以病毒式的方式实现扩张，未来将实现更加广泛的普及。第二，新媒体应用的应用形式愈益多样化。手机报、车载电视、手机电视等新型媒体的广泛运用，不断拓展媒体传播的形式与领域。相信在不久的将来，会有更多的新媒体的形式问世。

2. 大学生新媒体参与意识与参与能力都大幅提高，为思想政治教育工作提供了保障

随着大学生民主意识的增长，他们的利益表达需求越来越强烈，这为大学生思想政治工作提供了重要保障。利用新媒体，不断扩大大学生有序的参与，最大限度地反映他们各方面的利益和要求，有利于更好地搞好大学生思想政治教育。

新媒体以其自身方便、快捷、前卫的特点赢得了新时代大学生的青睐。首先，大学生消费水平都不高，不太会去订阅报刊杂志等传统媒体。而参与新媒体的门槛很低，大部分新媒体都是免费的，只要有一部手机或者电脑就能快速参与到光怪陆离的网络世界。其次，新媒体对热点的传播具有即时性，正好满足了青年大学生求新求异的特点。最后，新媒体平台上身份可以是隐匿的，这就使青年大学生可以畅所欲言，他们的不同立场、观点和利益诉求都能够在新媒体平台上得到表达，这对参与主体参与意识的提高起到了极大的推动作用。

二、利用新媒体推进大学生思想政治教育的路径选择

（一）高校党委应高度重视，提供支持

各高校党委应充分认识利用新媒体推进大学生思想政治教育工作的

重要意义，积极行动，推进工作的有序进行。高校党委的大力支持是利用新媒体推进大学生思想政治教育工作的重要保障，其关键是要建立并形成一整套长期、稳定、有序的工作机制。各高校应实现线下思想政治教育平台与线上舆论引导的有机融合，实现思想政治理论课教师学生辅导员和学生干部的协调联动，建设和谐美好的网络精神家园。

如上所述，新媒体的重要特点之一就是较强的互动性。各高校应主动建立大学生思想政治教育的新媒体平台，为大学生民主参与提供广阔的网络空间。通过新媒体平台与大学生的交流过程中，思想政治教育工作者可以获得大学生的真实想法，在引导舆论时针对性更强，更能有的放矢。大学生们也可以就自己关注的政治问题、经济问题、社会问题等随时与教育主体进行交流，适时的释疑答惑。在互动交流的过程中，主流的价值观和意识形态就可以潜移默化地渗透其中起到“润物细无声”的作用。

（二）加快大学生思想政治教育信息化建设，构建新媒体平台

大学生思想政治教育信息化建设不仅仅是技术层面的变革，更是思想、理念、结构、机制等层面的变革。

各高校应加强大学生思想政治教育门户网络、微信、微博平台等新媒体建设，尽快培养一批既精通新媒体业务，又熟悉大学生思想政治教育的专门人才队伍，这是利用新媒体推进大学生思想政治教育工作的关键。

应积极探索运用新媒体拓展大学生思想政治工作的新领域、新空间、新方式、新途径，提高工作效能；善用新媒体开展大学生民意调查和收集整理工作，提高大学生社情民意工作的及时性和敏锐性；善用新媒体开展国家大政方针的宣传工作，扩大大学生受众面和影响力，增强意识形态宣传的吸引力和感召力。

（三）注重新媒体规则的建立与大学生媒体伦理的养成

新媒体平台的快速发展，在给人们带来各种便利的同时，也带来了不少挑战。由于新媒体属于新生事物，相应的规则和制度建设跟不上新媒体发展的速度。往往在这一平台上会出现与社会主流价值观不相符合的情况和问题。因此，新媒体信息发布制度、新媒体信息安全制度等相关法律法规的建设就显得尤为必要。

第一，建立健全各项规章制度。要借鉴发达国家成熟的网络管理法律法规，建立健全适合中国国情的新媒体规章制度。这些规章制度法律法规既要保障大学生在新媒体平台上的权利，也要帮助他们养成良好的网络习惯，有意识地规范自己的言行。第二，把提高法律意识到改善网络道德素质结合起来。各高校应注重加强对大学生的网络道德的培育，引导他们形成正确的政治参与意识，自觉提升自己的道德水平。真正把新媒体平台作为大学生思想政治教育的重要阵地。

参考文献

[1] 戴益民：《网络舆论与公民意识的培育》，载《传媒观察》，2012 年第 2 期。

[2] 匡文波：《到底什么是新媒体》，载《新闻与写作》，2012 年第 7 期。

[3] 李丹丹：《手机新媒体概论》，北京：中国电影出版社 2010 年版。

[4] 苏璐佳：《新媒体与社会信息化的相互影响分析》，成都理工大学硕士学位论文，2012 年。

[5] 申凡：《当代传播学》，武汉：华中理工大学出版社 2000 年版。

[6] 陶丹、张浩达：《新媒体与网络传播》，北京：科学出版社 2001 年版。

[7] 唐绪军：《中国新媒体发展报告》，北京：社会科学文献出版社 2013 年版。

[8] 杨静：《新媒体传播特征研究》，河南大学硕士学位论文，2009 年。

[9] 张国良：《新媒体与社会变革》，上海：上海人民出版社 2009 年。

（作者简介：王刚，男，潍坊学院马克思主义学院讲师）

“一专多能”乡村教师培养的理论思考与实践反思

一、问题的提出

全面建成小康社会、实现教育现代化，难点在乡村。发展乡村教育，帮助乡村孩子学习成才，阻止贫困现象代际传递，是功在当代、利在千秋的大事。发展乡村教育，必须把乡村教师队伍建设摆在优先发展的战略地位。2015 年 4 月，习近平总书记主持召开中央全面深化改革领导小组第十一次会议，审议通过了《乡村教师支持计划（2015—2020年）》，6 月由国务院办公厅颁布印发（国办发〔2015〕43 号）。2018 年1 月，中共中央、国务院《关于全面深化新时代教师队伍建设改革的意见》颁布，鼓励地方政府和相关院校因地制宜采取定向招生、定向培养、定期服务等方式，为乡村学校及教学点培养“一专多能”教师，优先满足老少边穷地区教师补充需要。2018 年 3 月，教育部等五部门印发《教师教育振兴行动计划（2018—2022 年）》，提出实施乡村教师素质提高行动，要求以集中连片特困地区县和国家级贫困县为重点，通过公费定向培养、到岗退费等多种方式，为乡村小学培养补充全科教师，为乡村初中培养补充“一专多能”教师。2018 年 9 月，中共中央、国务院印发《乡村振兴战略规划（2018—2022 年）》，提出优先发展农村教育事业，落实好乡村教师支持计划，继续实施农村义务教育学校教师特设岗位计划，加强乡村学校紧缺学科教师和民族地区双语教师培训，落实乡村教师生活补助政策，建好建强乡村教师队伍。

根据以上国家有关文件精神，结合"一专多能"乡村教师培养的实际，本文将从理论和实践两大方面，从宏观、中观和微观三个维度，对"一专多能"乡村教师的培养问题进行探讨和思考。

二、"一专多能"乡村教师培养的理论思考

（一）"一专多能"乡村教师培养的理论基础与价值取向

1. 顺应培育专业化和复合化相融合师资队伍的时代需求

社会分工的日益精细化要求人力资源培育的高度专业化，但同时不可避免导致专业（行业）间信息传递或知识交流壁垒的拓宽。基于人生的有限性和知识的无限性矛盾，在人类社会日益讲求跨专业（学科）协同创新发展的今天，要求具备高度专业素养的各行业从业者必须具备一定的跨专业（学科）素养。为培育专业化素养和复合化素养相融合的未来的优秀人力资源，作为学校教育的直接实施者，教师必须首先被培育为专业素养高超、跨专业（学科）素养优秀的"一专多能"型知识人群。同时，这也是教师队伍在学校内外沟通联系不同专业、学科、行业、领域的教育利益相关人群，形成巨大教育合力，提升学生学业成绩的需要。

2. 破解乡村师资结构性缺编和临时师资难以补充的困境

适龄生源少是乡村学校的最典型特征，而现行师资配置主要基于相对固定的生师比，导致乡村学校普遍出现教师数量满编，但某些学科教师不足，英语、计算机、心理辅导等课程开全的结构性缺编现象。同时，因交通不便、生活便利程度不足、工作压力较大、专业发展资源相

对不足、职业可持续发展机会成本较高，在经济、社会、文化发展依旧存在较大城乡差距的现实语境下，乡村教师的流出流失率依旧较高。当因学校工作日内教师流出流失或其他因素导致短期或临时师资缺口出现时，往往没有足够的多能型教师填补此类空缺。因此，积极推进“一专多能”型培育，可以有效破解乡村教师队伍结构性缺编和临时师资缺口难以补充的困境。

（二）“一专多能”乡村教师的基本内涵

“一专多能”乡村教师是相对于“专科型”和“全科型”乡村教师而言的，就概念内涵而言，它既不是指仅仅精通某一特定学科教育、教学和科研工作的“专科型”教师，又不是指“语数外通吃、音体美全扛、教育教学科研管理全长”的全能型教师，而是指既具备完成某一特定学科教育、教学和科研所需的高超专业知识、专业能力和专业情意，又能胜任某些学科的教育、教学和科研任务，且教育专业素养高超、综合素质全面的乡村教师。

所谓“一专”，体现在乡村教师应当具备某一特定学科教育、教学和科研所需的高超专业知识、技能和素养上。在《中华人民共和国教师法》把教师明确界定为“专业技术人员”的法理语境下，“一专”必须体现出教师独有的专业性特质和较高的专业化程度。

所谓“多能”，指的是教师具备综合的教育、教学、科研和管理知识素养与能力素养，能够胜任乡村学校多个学科的教育、教学和科研工作任务，同时具备一定的从事乡村学校综合管理的能力，如学校行政管理能力、班级管理能力、应急管理能力等。“多能”并不是各科专业知识与技能的简单组合与拼凑，是在乡村教师学科专业化水平提升的同时，将多科知识与技能综合为一种多能的教师专业素养和品质，从而使教师具有的多科教育、教学和科研能力以及综合教育管理的素养。

(三)“一专多能”型乡村教师的基本特征

1. 乡村事务的熟知性

熟知乡村社会组织构成特点、乡村建设政策精神、乡村两委运作机制、方言土语发音、地方风俗人情、村规民约、家族宗族常识、气候节令常识、流动留守人口情况等基本乡村事务，这是“一专多能”型教师适应并逐步融入乡村社会的认知前提。

2. 乡村任教的根治性

即乡村任教的长久性，要求培育“一专多能”型乡村教师必须具备浓厚的乡土乡村情意，具备改变乡村教育落后面貌，从根本上解决乡村教育发展的突出问题，即教师要拥有崇高的教育理想、热爱乡村学生、与乡村居民结交深厚情谊，这是其植根乡村社会的感情基础。

3. 专业素养的高超性

这是乡村教师“专业技术人员”身份属性最本质的体现，具备某一特定学科教育、教学和科研所需的高超专业素养，既有助于乡村教师的可持续专业发展，又有助于乡村学生获取科学的专业知识，也是对以往“万金油”式广谱浅显专业素养要求的纠正。

4. 综合素养的多样性

这种多样性特征既源于乡村学校“师生数量规模虽小，但运作管理五脏俱全”的特质，又源于乡村学校学生个性特征的多元性和发展需求的多样性，同时，还受乡村社会知识人群相对稀缺但乡村公共事务多样性的影响，使得乡村教师的身份职能更具公共性和示范性。

三、“一专多能”乡村教师培养的实践反思

（一）山东省乡村教师支持计划实施背景与现状

1. 山东省乡村教师支持计划实施背景

山东省有农村中小学在校生712万人，其中乡村学校在校生243万人，分别占学生总量的62.7%、21.4%；农村教师54.63万人，其中乡村教师18.04万人，分别占教师总量的63.8%、21.0%。近年来，山东省高度重视农村教师队伍建设，出台了《关于进一步加强农村中小学教师队伍建设的意见》（鲁政办发〔2013〕11号），统一城乡教师编制标准，增设农村教师附加编制，推进校长教师交流轮岗，开展中小学教师“县管校聘”管理改革，在教职工编制、设岗比例、职称评聘、绩效工资分配等方面向农村教师倾斜，有力地促进了农村教师队伍建设。但城乡教师资源配置不均衡，农村教师“下不去、留不住、教不好”的问题，仍然十分突出。根据国家有关政策要求以及山东省委办公厅、省政府办公厅印发的《关于推进基础教育综合改革的意见》（鲁办发〔2014〕55号）有关精神，2015年12月，《山东省〈乡村教师支持计划（2015—2020年）〉实施办法》颁布实施。

2. 工作目标与措施

（1）工作目标

把发展乡村教育和乡村教师队伍建设摆在优先发展的战略地位，努力造就一支下得去、留得住、教得好，数量适当、结构合理、素质优良、甘于奉献的乡村教师队伍，为实现教育现代化提供坚强有力的师资保障。

（2）主要措施

包括以下八个方面：

一是着力提升乡村教师思想政治素质和师德水平。包括切实加强乡村学校党建工作、高度重视师德校风建设等措施。

二是健全完善乡村教师补充机制。包括加强和规范教职工编制管理、完善教师招聘方式、实施短缺学科教师补充计划、开展大学生乡村学校支教（从2016年春季开学起，每学期安排1万名师范生到乡村学校进行实习支教，其中，安排在财政困难县7000名，由省财政按照每人每月400元的标准发放生活补贴）等措施。

三是完善城乡校长教师交流机制。包括大力推进城镇学校校长到乡村学校任职、加大城乡学校教师交流力度、优化乡村学校教师资源配置、鼓励名师名校长到乡村学校任教等措施。

四是改革完善乡村教师培养模式。包括完善师范生定向培养、启动免费师范生全科教师培养计划（2016年至2018年，按3000人、3000人、4000人分年度安排招生计划，共培养10000人，所需经费由省财政分年度拨付）。

五是大力促进乡村教师专业发展。包括创新教师培训模式、实施送教下乡培训计划、提升教师信息技术应用能力、建立城乡一体化教研制度、建立城乡学校发展共同体等措施。

六是完善乡村教师职称评聘办法。包括调整提高乡村中小学中高级岗位结构比例、完善乡村教师职称（职务）评聘办法等措施。

七是提高乡村教师待遇和生活保障水平。包括依法保障教师工资待遇、妥善解决乡村教师住房问题、启动乡村教师周转宿舍建设工程等措施。

八是建立完善乡村教师荣誉制度。包括建立乡村教师荣誉制度、实施乡村学校特级教师岗位计划（每个学区设立1个特级教师岗位，实行任期制）、努力提高乡村教师社会地位等措施。

（二）潍坊学院小学教育公费师范生培养的探索与实践

潍坊学院从2016年开始招收首批小学教育公费师范生，到2018年共招生480人。根据山东省教育厅的要求和公费师范生培养的特点，学校结合实际做了一些探索和实践。

1. 培养目标的调整和变化

培养目标的调整和变化，主要表现在两个方面：

一是突出从事农村小学教育教学研究和教育管理工作的特点，要求学生要熟悉农村社会发展的现状、农村教育现状以及农村教师专业发展特点和农村学生成长发展的规律。

二是在加强全科培养的同时，更加注重“多能”应用型人才的培养。这里的全科培养主要是指文化基础学科，多能主要是指音乐、美术、体育、班级管理等技能。

2. 课程设置与结构的变化

将整个课程体系分为通识教育课程和专业教育课程两大体系，总学分170。通识课程体系包括必修课程和选修课程两部分，共47.5学分，占总学分的28%。专业课程分为专业基础课程、主干课程、拓展课程和实践课程四部分，其中理论课程71.5学分，占总学分的55%；实践课程22学分，占总学分的17%。专业基础课中包括教育学、心理学、教育技术学等基础课程，共21.5学分；专业主干课程包括语文、数学、英语、班级管理等基础课程，共29学分；拓展课程包括音乐素养、美术素养、体育素养、思想品德、科学素养和教师素养等模块，要求必修学分43学分；集中进行的实践课程包括课程设计、微格训练、实习支教与教育研习、毕业论文等环节，共29学分。

3. 培养模式的变化与调整

除继续优化政府、高校、中小学三位一体育人模式外，与学生就业地区进行沟通交流，实施培养地和就业地联合培养模式。与就业地协商，利用寒暑假时间到当地进行教育实践活动，了解就业地社会、文化、教育现状，为入职后尽快适应当地条件和变化打下基础。

4. 学生管理与思想工作的变化与调整

公费师范生原则上不允许报考脱产研究生，要在就业地服务至少六年。针对以上新情况，一方面在学生管理上突出学生的专业思想教育，强化职业意识和素养，为将来成为名师、教育家打下坚实的基础；另一方面，加强学生心理疏导和教育，不断激发其学习的主动性、积极性和创造性。

四、存在的主要问题与对策建议

从理论层面来看，主要包括以下四个方面：

一是官方所指的“一专多能”型教师是教育部在2015年提出来的，目前还没有权威的概念界定。就各地做法而言，有的人理解为“能胜任一门文化基础学科，同时能兼任音乐、美术、体育等技能类课程”；也有的人理解为“能胜任一门主要课程，同时可以兼任其他课程”，这里的“其他课程”应该既包括文化类课程，也包括技能类课程。因此需要从理论上澄清和界定。

二是目前文献中多混淆“乡村”和“农村”概念，应该在理论上加以厘定。

三是“一专多能”教师的培养，看似从广度上拓展了专业领域的范围，但实际上牺牲了专业深度，进而导致在未来可能的“职业更换”或“再就业”发生时，其机会成本显著增加，这是目前少有关注的问题，需要引起我们的重视。

四是现有政策文本一再强调“让乡村学生就近享受平等且有质量保障的公共教育”，对乡村“一专多能”教师的身份职责更多强调其乡村“公共教育、教学和管理”职责，在乡村教师作为“专业技术人员”的既定身份性质前提下，存在“一专多能”乡村教师责权利不适配的问题，也是需要进一步从理论上研究加以解决。

从实践层面来看，主要包括以下三个方面：

一是对于公费师范生实施培养地和就业地联合培养问题。目前，公费生的招生工作由省教育厅负责，而就业等问题则由人社厅负责。作为高校层面很难使联合培养制度化、常态化，建议政府层面给予协调和支持。

二是公费师范生的就业问题。目前，大部分公费师范生愿意回本地就业和发展，但是在招生时因计划限制，大部分（我校约90%）属于异地就业。建议由政府统筹，使大部分公费师范生能够本地就业，这样对学生的培养及未来发展和生活等都有利。

三是由于公费师范生培养的特殊性，大部分学校是在原教学计划的基础上进行的修订和完善，建议教育行政管理部门尽快提出公费师范生培养的基本要求，以规范公费师范生的培养和管理，提高培养质量和水平。

“一专多能”乡村教师的培养，从国家层面已经做出了顶层设计和要求，需要各地区、各部门以及承担培养任务的高校，通力合作，按照全国教育大会“植根于中国大地办教育”的要求，为培养出“下得去、留得住、教得好”的优秀乡村教师，为完成补齐教育短板的国家战略做出各自应有的贡献。

参考文献

[1] 吴会会：《动态嵌套的“三流耦合”：〈乡村教师支持计划（2015—2020年）〉制定过程透视》，载《教师教育研究》，2018年第8期。

[2]《底部攻坚 补齐农村教育短板——党的十八大以来我国城乡义务教育一体化改革取得新进展》，载《中国农村教育》，2018年第8期。

[3] 刘星：《乡村振兴战略背景下乡村教师的专业成长：根本属性、特殊性及

其路径》，载《教育理论与实践》，2018 年第 2 期。

[4] 中华人民共和国教育部网站：http：//www. moe. gov. cn/.

[5] 山东省教育厅网站：http：//www. sdedu. gov. cn/.

（作者简介：魏晨明，男，潍坊学院教师教育学院副院长，教授）

“第二课堂”项目活动供给侧结构性改革的探索与实践

——以潍坊学院为例

习近平总书记在中央财经领导小组第十一次会议上强调“在适度扩大总需求的同时，着力加强供给侧结构性改革，着力提高供给体系质量和效率，增强经济持续增长动力”①，经济领域的供给侧结构性改革在给高等教育重要启发的同时，也给高校共青团的“第二课堂”活动项目提出了更高的要求，充分满足学生日益增长的美好学习生活需要的平衡充分发展的“第二课堂”项目活动建设已成为高校共青团深化改革的当务之急。习近平在全国高校思想政治工作会议上指出，做好高校思想政治工作，要因事而化、因时而进、因势而新。要遵循思想政治工作规律，遵循教书育人规律，遵循学生成长规律，不断提高工作能力和水平。②然而长期以来，高校“第二课堂”项目活动还存在谁想干谁干、想干什么就干什么、想怎么干就怎么干、想什么时候干就什么时候干等不尊重规律、不研究规律、不遵循规律的问题，因此在深入把握党的群团工作

---

① 全面贯彻党的十八届五中全会精神 发展理念推进经济结构性改革［EB/OL］. 新华网 http：//www.xinhuanet.com/politics/201511/10/c_1117099915.htm.

② 《全程育人 全方位育人 开创我国高等教育事业发展新局面》，载《人民日报》，2016年12月9日，第1版。

规律、提高党的群团工作科学化水平背景下，立足改革攻坚、从严治团，对"第二课堂"的项目活动进行供给侧结构性改革已成为高校共青团深化改革的"牛鼻子"和"指挥棒"，进而不断满足学生日益增长的美好学习生活需要。

一、"第二课堂"项目活动供给侧结构性改革的必要性

（一）党对青年人才培养的需要

党的十八大报告指出，把立德树人作为教育的根本任务，培养德智体美全面发展的社会主义建设者和接班人。全面实施素质教育，深化教育领域综合改革，着力提高教育质量，培养学生社会责任感、创新精神、实践能力，这既要培养学生全面发展，又要培养学生的特色本领。党的十九大报告指出，青年兴则国家兴，青年强则国家强。青年一代有理想、有本领、有担当，国家就有前途，民族就有希望，中华民族伟大复兴的中国梦终将在一代代青年的接力奋斗中变为现实，鼓励广大青年要坚定理想信念，勇做时代的弄潮儿，党对高校的人才培养提出了更高的要求。

《关于加强和改进新形势下高校思想政治工作的实施意见》中指出，在"大思政"格局中，共青团服从服务于教育教学大局，辅助配合教育教学部门和教师培养人，是战略配合者；但在广阔的课外空间以及网络空间，高校共青团可以为学生提供自觉、自主、自育成长的平台载体，提供组织归属和组织化成长空间，拥有着可为、能为、应为的广阔天地，又是服务促进学生自我成长的主角。高校共青团要找准自身定位，认清自身优势，在"大思政"格局中充分发挥不可或缺的独特作用[①]，

① 《关于加强和改进新形势下高校思想政治工作的意见》，载《人民日报》，2017 年 3 月 1 日，第 1 版。

高校共青团既要发挥生力军作用，又要立足“第二课堂”供给侧结构性改革在服务学生成长成才中彰显特色。因此，高校共青团要通过探索实施“第二课堂”项目活动的供给侧结构性改革，科学设计实践育人活动项目，帮助学生开阔视野、了解社会、提升综合素质，满足党对青年人才培养的需要。

（二）高校共青团全面深化改革的需要

《高校共青团改革实施方案》和《共青团中央 教育部关于加强和改进新形势下高校共青团思想政治工作的意见》中均指出，高校共青团围绕立德树人的根本任务，在引导青年学生坚持学业为主的同时，针对学习就业创业、创新创造实践、身体心理情感、志愿公益和社会参与等的普遍需求，借鉴“第一课堂”的做法，加强与学校相关部门、政府有关职能部门以及社会机构合作，普遍推行高校共青团“第二课堂成绩单”制度，推动工作的规范化、课程化、制度化。高校共青团要从“第二课堂”的工作内容、项目供给、评价机制等方面进行系统设计和整合拓展，客观记录、认证学生参与“第二课堂”活动的经历和成果，使“第二课堂”在学生培养和实践育人中彰显特色。第二课堂成绩单制度作为高校共青团深化改革的“龙头”、“牵引”和“牛鼻子”，直接决定了高校共青团深化改革的深度和力度。

（三）学生全面成长成才的需要

1999 年中共中央国务院印发了《关于深化教育改革全面推进素质教育的决定》，吹响了全面推进素质教育的号角。2002 年团中央、教育部印发了《关于实施“大学生素质拓展计划”的意见》（中青联发〔2002〕14 号），将“第二课堂”活动分为思想政治与道德素养类活动、社会实践与志愿服务类活动、学术科技与创新创业类活动、文化艺术与身心发展类活动、社团活动与社会工作类活动、技能培训与其他类活动六大模块①，由此可见，第一课堂侧重理论教学和系统知识的传授，第二课堂则更加侧重实践锻炼和学生个性的发展。2018 年 7 月，共青团中央、教育部印发了《关于在高校实施共青团“第二课堂成绩单”制度的意见》，明确提出了高校共青团“第二课堂成绩单”制度的概念，并要求在 2018 年秋季学期，面向全国高校推广实施，这既是落实习近平总书记提出的“要重视和加强第二课堂建设”的重要要求，又是贯彻落实团十八大精神的必然举措，是持续推动高校思想政治工作改革创新、深度融入高等教育综合改革、纵深推进高校共青团改革、不断完善学生发展服务体系的迫切需要。

二、“第二课堂”项目活动供给侧结构性改革的探索与实践路径

供给侧结构性改革背景下的“第二课堂”活动项目，一方面要提高教育供给端的质量、效率和创新性，使其更贴近学生的消费需求和消费习惯，做到既能满足学生个性发展的需要，又能对准未来社会的需求。另一方面要丰富教育供给结构问题，为学生提供丰富、多元、可选择的教育资源、教育环境和教育服务模式的新供给侧结构，替代和打破原有单一的培养模式、统一的课程资源、僵化的考试评价供给结构。“第二课堂成绩单制度”作为共青团发挥教育教学领域“战略配合者”角色，要坚持“团教协同”，主动融入深化教育领域综合改革的重要工作创新、制度创新。全面深化教育领域综合改革，“供给侧”结构性改革是关键。概括来讲，课堂教学是教育“供给侧”的第一课堂，是核心、是关键；而课堂教学之外的“第二课堂”，从深化教育领域综合改革的视野来看，

① 《关于实施“大学生素质拓展计划”的意见》（中青联发〔2002〕14 号），载《中国青年报》，2002 年 3 月 25 日。

高校共青团要充分发挥生力军作用打好“战略配合”，深挖第二课堂实践育人资源，只有将第一二课堂协同育人和深度融合，才能提高整体的人才培养质量。

（一）“第二课堂”与思政教育融合

高校思想政治教育的根本任务是立德树人，生动活泼的思政课是大学生思想政治教育的主渠道，但只是思政教育的一部分。而第二课堂在时间和空间上更加广阔，具有鲜明的丰富性、互动性、实践性和娱乐性特征，可以寓教于乐，以更多丰富多彩的教育形式、内容和渠道，在大学生校园生活的各个角落、方方面面融入思政教育的因素，更加贴近学生，满足学生需求，才能使思政教育真正入耳、入脑、入心。“你的入党动机是什么?”“学生党员荣誉面前话党性”……在潍坊学院党员公开答辩会上，每名党员都要现场公开答辩，接受广大同学现场观摩、提问和监督，并且“过关”；在每年一度的组织生活会上，每名党员都会如实撰写一年来履行党员责任、加强党性锻炼、践行党的宗旨、改正缺点和不足等的自查报告，切实开展批评和自我批评，增强学生党员的担当意识和责任意识。“加油 向未来”喜迎十九大文艺晚会、“牢记时代使命 书写人生华章”学习宣传贯彻党的十九大精神——优秀辅导员、优秀学生骨干‘校园巡讲’、“实践梦工厂”、“我是交通志愿者”、“做环卫工人的一天”、“高雅艺术进校园”……是潍坊学院深入贯彻落实十九大精神的“第二课堂”校园文化特色活动，社会实践、志愿服务、“青春大学习”等第二课堂的系列活动，通过“宣讲+”的方式在全体学生中开展学习贯彻习近平新时代中国特色社会主义思想和十九大精神的热潮，结合时政热点，趁热打铁，践行理念，培养学生关注时事的意识和社会责任感，将思想政治引领和价值引领的“红线”、“灵魂”贯穿植入到每一项活动和项目中，让思政工作贯穿引领各类活动项目，实现了“第二课堂”思政教育全覆盖，确保了活动的开展实效。

（二）“第二课堂”与评先树优融合

评先树优是与学生利益直接相关、开展学生思想政治教育的重要环节。高校要培养德智体美全面发展的社会主义建设者和接班人，不仅要培养学生专业知识的学习能力，还要培养学生的社会责任感、创新精神、实践能力等的综合素质和能力，这就需要深挖第二课堂育人资源，实现第一二课堂的融合和协同育人，提高人才培养质量。潍坊学院结合“第二课堂成绩单制度”重新修订了学生综合测评素质测评办法，学生的综合素质测评成绩＝学习成绩＊60%＋基础性素质测评成绩＊25%＋发展性素质测评成绩＊15%，基础性素质测评和发展性测评均通过第二课堂来实现，将思想成长、实践实习、志愿公益、创新创业、文体活动、工作履历、技能特长等进行定性和定量相结合的方式，纳入学生综合素质评价中，作为学生评先评优、评奖评助、推优入党入团、树立典型等的主要依据。因此，学生参与“第二课堂”的积极性大大提高，并通过客观记录、有效认证、科学评价学生参与“第二课堂”的经历和成果，满足了学生全面成长的内在需求。

（三）“第二课堂”与精品校园文化融合

为进一步提升校园文化建设水平，充分发挥文化育人作用，创新文化育人机制，潍坊学院以第二课堂为主体，以习近平新时代中国特色社会主义思想为指导，切实把握新时代大学生群体的新特点、新变化，深入开展“主题教育类”、“学风建设类”、“文化载体建设类”、“中华优秀传统文化教育类”、“文体活动类”、“实践育人类”、“学术科技、创新创意类”等多种类别的校园文化精品项目活动，坚持以文化人以文育人，培育和建设特色突出、优势明显、影响深远的校园文化品牌，传承弘扬中华优秀传统文化、革命文化和社会主义先进文化，培育优良校风学风，形成校园文化的繁荣局面。潍坊学院学生工作处的“以‘宣讲＋’为模式深入推动大学生学习习近平新时代中国特色社会主义思想”、文学院的“传承优秀传统文化构筑施教育人体系”、物电学院的“弘扬潍院精神服务成长成才 促进素质拓展”的创新学风建设、音乐学院的“诗词音乐会”等形成了结合自己部门和专业工作实际、工作特点的校园文化精品项目活动，通过校园文化精品项目“一校多品”、“一院一品”精品项目推动了第二课堂项目活动的供给侧结构性改革。

（四）“第二课堂”与课程体系的融合

从高校立德树人的根本任务和深化教育领域综合改革的视野来看，“第二课堂”作为第一课堂的延伸和补充，要打好“战略配合”战，深挖第二课堂的育人资源，将第二课堂的项目活动参考借鉴第一课堂的运行模式和机制，就要以学生需求为中心，以社会需求为导向，以培养学生的综合素质，提升学生人力资本、服务国家经济发展大局为目标，将第二课堂项目活动融入专业人才培养方案和课程体系，通过第一课堂和第二课堂的渗透融合，发挥 1 + 1 > 2 的整体育人效果。潍坊学院物理与光电工程学院根据学院电子信息类专业的专业特色，将学生创新创业教育与学科竞赛、专业类科技创新比赛等贯穿在一体，设立本科学生创新实验室和创业孵化工作室，秉承分层分阶段的理念，对不同年级的学生开展不同的第二课堂专业项目活动，即大一重视专业认知教育，大二强调专业职业教育，大三侧重专业技能提升教育，大四侧重专业就业创业教育以及社会责任感教育，引导学生结合专业特点开展第二课堂的项目活动，提高学生的专业综合素质和能力。

目前，第二课堂项目活动还存在质量不高、活动类型不均衡、覆盖面不全等难以满足学生能力素质提升和全体学生全面发展的需求的问题，学生日益增长的美好学习生活需要同不充分不平衡的第二课堂发展之间的矛盾相对还比较突出。因此，第二课堂项目活动要在供给侧结构性改革背景下，围绕党的立德树人的根本任务，遵循思想政治工作规律、人才培养规律、学生成才规律，以学生的内在需求为中心，促进第二课堂项目活动与思政教育、学生评奖评优、精品校园文化项目、课程体系的深度融合，科学地促进大学生按照习近平总书记所提出的有理想、有追求、有担当、有作为、有品质、有修养“六有”要求，实现健康全面的成长。

（作者简介：张芳芳，女，潍坊学院副教授）

高校思想政治理论课“探究式”教学模式面临的问题及对策

中共中央宣传部、教育部《关于进一步加强和改进高等学校思想政治理论课的意见》中明确提出要切实改进高等学校思想政治理论课教育教学的方式和方法，“教学方式和方法要努力贴近学生实际，符合教育教学规律和学生学习特点，提倡启发式、参与式、研究式教学。”探究式教学是新形势下思想政治理论课体现时代性、把握规律性、富于创造性、增强实效性的现实需要。

目前比较权威的探究式教学的定义是王炳林教授在《思想政治理论课教学方法创新研究》中提到的：探究式教学模式是通过教师和学生的充分交流，采用共同参与的方式，在教师的引导下以问题为核心，从现实生活的具体事例出发，旨在引导学生通过发现、提出、分析和解决问题来达到理解、应用、探索和创新知识，使学生的学习过程成为创造性解决问题的过程。从该定义中，我们看出探究式教学方法必备的要素就是师生共同参与、坚持问题导向和实例关注，培养学生发现问题、解决问题的创新能力。

探究式教学对于培养大学生的自主学习、独立思考和创新能力有至关重要的作用。但是，在现实生活中，探究式教学也面临一些亟需解决的困难，比较突出的问题就是受师资力量和教师资源的限制，思政教师大多采用合堂班大班授课的方式来进行，一个班大约有一百人左右，一周一次课，不利于探究式教学的开展；还有一些思政课教师对于开展探究式教学的重要性认识不够，不愿意在问题设计和辅导答疑上花费更多的时间，安于传统的“一言堂”授课模式，并且上完课对学生的情况不闻不问。还有的老师由于水平有限，问题导入和问题的解析不够深透，以至于问题对学生的吸引力不够；有的学生对教学改革漠不关心，对探究式教学方式疲于应付，不愿意配合老师的工作。

针对开展探究式教学中存在的困难和问题，我们必须发挥以学生为主体、教师为主导，教学管理部门协调配合的多维联动机制来解决问题。

一、充分发挥教师的主导作用

（一）运用新媒体技术为探究式教学提供支撑平台

首先，针对上课人员多，探究教学开展难的问题。我们可以借助新媒体的支撑帮助解决这个困难。比如运用“学习通”等教学软件将每一章的内容进行编辑安排，其中包括相当于“微课”的教学视频，配以随堂检测、专题阅读、单元作业、讨论、自主学习任务单等项目。鼓励学生在上课之前先预习，对课本的问题积极提出供同学们讨论。为了更有效地进行讨论，老师可以每天上传几个相关问题供学生讨论。整个教研室的老师每一位教师都要将自己的班级进行分组，比如一百二十人的班级分成四组，每组三十人，每组里选出一名小组长当老师的助手，老师要带着自己的助手回复班级学生提出的问题。为了节约劳动时间和实行开放式教学，一个老师可以带着自己的助手周一值班，即周一回复所有班级的问题，周二由其他老师带着自己的助手回复所有班级的问题，每位老师都可以看到其他班级同学谈论和关切的问题。这样以来，相当于微视频的在线课程是对学生基本知识的讲解。我们老师在现实的课堂教学中再针对学生普遍关心的问题实行有的放矢的精讲，这样实现了探究式课堂教学模式与传统课堂教学模式的有效衔接。

（二）集教研室合力协调推进

探究式教学的开展过程中，为了防止有的老师对教学重点把握不够精准，问题设计偏离教学大纲、教学目标等现象，需要整个教研室的老师实行集体备课，集思广益，精心进行问题设计。在运用“学习通”等软件制作在线课程的时候，同一教研室的老师可以实行专题教学，例如将思想道德修养与法律基础课分为人生观教育、理想信念教育、爱国主义教育、道德教育、法治教育等几个板块，每一板块由不同的老师来讲授，这样老师可以节约更多的时间对学生谈论的问题给予持续关注。

（三）指导阅读马克思主义经典文献

探究式教学离不开对马克思主义经典文献的了解，老师要根据不同的问题给学生推荐马克思主义经典文献以及其他的和讲课问题相关的文章。例如在讲到道德的起源的时候，关于道德起源的观点，除了马克思主义道德观之外，主要提到了四种观点，如“天意神启论”、“先天人性论”、“情感欲望论”、“动物本能论”，在2015版的教材里面没有谈到这四种观点，而是直接谈到了马克思主义的观点，但是在2018版的教材里却加进了这四种观点，可见我们要想确立正确的思想，必须要破除错误的观点，也就是我们常说的“先破后立”。分析了错误的观点，我们再提出马克思主义正确的观点，通过对马克思主义道德起源论中首要前提和两个条件的分析，使学生明确道德不是人和动物的本能，道德和其他意识形态一样有实践基础，是社会历史的产物。引导学生学会运用马克思主义立场、观点和方法观察世界、分析问题。使学生明确社会意识形态是社会历史的产物，建立辩证批判的思维。使学生对道德起源问题上的唯心主义和旧唯物主义观点，能够旗帜鲜明地给予自觉的抵制。为使学生能够深入理解，指导学生阅读《家庭、私有制和国家的起源》、《反杜林论》和《关于费尔巴哈的提纲》等文章使学生明确马克思主义从来都没有将任何一种上层建筑，包括道德，视为一种永恒的非历史的意识形态。

（四）教师要认真研究教材

探究式教学的开展必然要求教师对教材的理解和把握要细致、深透。例如“人生价值”概念，我们在2018版的教材中规定人生价值是指人的生命及其实践活动对于社会和个人所具有的作用和意义。2015版的教材规定人生价值是一种特殊的价值，是人的生活实践对于社会和个人所具有的作用和意义。相比2015版的教材，新教材人生价值的概念多了人的生命对于社会和个人所具有的意义。这里充分体现了人本思想，即对人的生命健康权的充分尊重，无论这个人是健康还是疾病，是年老还是年轻，都平等地享有生命权，就像复旦患癌女博士王娟说的：“活着就是王道”，活着就是有价值和意义的。我们现在提倡生态文明、治理环境污染，抗癌药物降价等举措都是对人的生命健康权的尊重和保护。

（五）教学案例的引入要精当，并且能够引发学生对问题的思考

例如在讲到依法治国和以德治国相结合的时候，我们可以让同学们一起思考道德与法律的关系，并且举出在我们的日常生活中，有很多事情都受到道德与法律的双重约束，例如2018年6月19日，宁波女孩手机被大妈捡到，大妈索要2000元报酬，发现报警后怒摔手机。捡到东西归还给失主，这是我们从小上学老师就反复教导我们的事情，而且根据《刑法》规定捡到的物品如果拒不归还，涉嫌侵占罪，要接受相应的法律处罚。由此引导学生思考法律和道德到底是什么关系，归纳得出结

论：法律是道德的底线，底线以下就是违法，既要收到道德的谴责，又要受到法律的惩罚。底线以上，又提倡人们追求更高层次的道德。由此，学生也能够更好地理解法律是成文的道德，道德是内心的法律。

（六）我们要精心地根据教材内容设计问题导入

例如，在讲到法律义务的某些问题时，我们可以先问学生：杀人一定要偿命吗？欠债一定要还钱吗？通过学生的谈论，导出法律义务的特征里面规定了法律义务可能会发生变化，受诉讼时效和追诉时效的限制，以及正当防卫这种排除社会危害性的行为。

二、充分发挥学生的主体作用

（一）由“要我学”变成“我要学”，探究式学习的目的就是要改变学生被动学习的局面，积极参与到老师的教学活动中来

除了在“学习通”等教学软件中设置学生参与讨论赋分加入最终成绩来吸引学生加入思考之外，要让学生真正参与课堂教学，通过简短的课堂展示，学生增强了成就感，为以后更好地审视和展现自我打下了基础。比如在讲到新时期的国家安全观时，我们先让学生思考传统安全和新时期的安全有什么样的不同，引导学生明确新的国家安全不再局限于领土和军事安全，而是包括了生态、经济、文化、信息、核安全等十一大方面的内容，让学生自己搜集我国在每一领域面临的安全威胁，然后进行 ppt 展示。使学生了解我们为了环境安全，修建了核电站来获得清洁无污染的电能，但是也要防止对核电站的空中打击和计算机蠕虫病毒的侵袭。为了保护生态安全，所以我们才在入境时严禁携带土壤、动物、植物以及动植物产品，因为在柑橘等水果中发现了地中海食蝇，会破坏我国二百五十多种茄科植物。这时候老师再指出新时期的国家安全

观是：坚持国家利益至上，以人民安全为宗旨，以政治安全为根本，以经济安全为基础，以军事、文化、社会安全为保障，以促进国际安全为依托，走出一条中国特色国家安全道路。为了帮助学生理解以人民安全为宗旨，以经济安全为基础，并且以军事、文化安全为保障，老师可以放一段迷彩虎军事视频“关于撤侨的那些事儿”，使学生从历次撤侨中体会到经济和军事力量的强大，会使得对人民安全的时效性增强。

（二）分组学习，合作探究

通过学生进行分组，在本组内能够解决的问题，可以不呈现给老师。如果有解决不了的问题，由小组长归纳总结邀请老师在“学习通”的谈论平台答疑解惑。这种分组谈论、层层呈现的方式改变了学生自己孤立一人思考和解决问题的现状，小组人员在正常融洽和不受任何限制的气氛中以会议形式进行讨论、座谈，打破常规，积极思考，畅所欲言，充分发表看法，并且形成了一种“头脑风暴法”。在集体讨论解决问题过程中，个人的表达自由，不受任何干扰和控制，是非常重要的。“头脑风暴法”有一条原则，不得批评仓促的发言，甚至不许有任何怀疑的表情、动作、神色。这就能使每个人畅所欲言，提出大量的新观念。

（三）充分调动学生的主体性

长期以来，学生将思想政治理论课理解为就是对国家、政党历史的介绍，或服务于国家治国理政的需要，和学生的实际联系较少。“依据行为科学理论，个体需要是行为产生的动机和出发点，正是个体需要产生了人所特有的创造性和主观能动性。只有当思政课满足了学生的内在需要，提升了他们的满意度，增强了课堂的获得感，他们才能真正成为思想道德教育的主人”。[1] 所以，思政课的教学应当在知识点的介绍之外，再联系学生的现实需要，关注学生的自我塑造和人格的完善，提升学生思政学习中的满足感。

三、发挥教学管理部门的协调配合作用

探究式教学的开展过程中，教学管理部门的协调配合有助于探究式教学的顺利开展。新媒体教学平台的构建和应用，如“雨课堂”的应用以及在线课程的建设、运行、学生的课程设置、考试方式的改革离不开教学管理部门的筹划和支持。

教学管理部门完善对教师的评价体系，除了传统的专家评价法、学生评价法和同行评价法的运用之外，对在探究式教学过程中做出突出贡献的教师给予褒奖和实行激励机制，因为这些教师不仅仅是上课时的付出，还有在线上和学生们时时互动，并且给学生的随堂练习、单元检测、讨论等等进行动态关注，可以对这些教师实行工作量补贴，教研项目申请、外出培训、教学比赛等方面优先考虑的方式鼓励教师积极参与探究式教学改革。

对学生的评价不再将考试成绩作为唯一的评价指标，将学生的综合能力、对教学改革的参与度、参与实践活动的情况均作为相应的评价指标。评价的主体由学生自评和师生互评相结合，注重学生如何将知识转化为灵活的运用，如学生如何展开对专题问题的材料收集、整理和归纳，小组协调配合完成专题探究的质量，这些方面均体现了学生综合能力的提升。

参考文献

［1］柳作林、熊长英：《新时代思想政治理论课“参与式”教学实践与应用研究》，载《湖北社会科学》，2018 年第 8 期。

（作者简介：祝利民，女，潍坊学院马克思主义学院讲师）

新媒体的快速发展与广泛应用对潍坊市大学生党建工作带来的挑战与机遇

《第42次中国互联网络发展状况统计报告》显示，截至2018年6月30日，我国网民规模已经达到8.02亿，我国正快速步入网络时代。[①]以互联网为代表的新媒体，不仅创新了信息传播的方式，也正极大地改变着人们的学习、生活和工作方式，必然会对大学生党建工作带来新的挑战与机遇。党的十九大报告明确提出要“善于运用互联网技术和信息化手段开展工作。”利用新媒体促进党的建设，是“提高党的建设的科学化水平”的重要方式。

本文所指的新媒体是指除传统媒体如报纸杂志、广播电视、户外媒体以外的媒体形式。包括网络媒体（如网站、BBS、博客、微博、播客、QQ群等）、掌上媒体（如手机报、微信、短信等）和数字媒体（如数字电视、数字报纸、电子杂志等）。

为了解新媒体在潍坊市大学生党建工作中的地位与作用，更好地利用新媒体推进党的建设，我们对潍坊学院、潍坊医学院、潍坊职业学院、山东经贸职业学院、山东畜牧兽医职业学院等五所高校的大学生进行了抽样调查。调查采取问卷与访谈相结合的方式，共发放问卷300

---

① 中国互联网信息中心网站。http：//www. cnnic. net. cn/hlwfzyj/hlwxzbg/hlwtjbg/201207/t20120723_32497. htm

份，回收283份，回收率94.3%。调查对象涉及党员135人，入党积极分子90人，其他62人。为使调查更加科学合理，我们还兼顾了学校、男女、专业比例，有一定的代表性。在调查研究基础上，分析了新媒体对大学生党建工作带来的挑战和机遇，并提出了一些相应的对策和建议。

一、新媒体对大学生和党建工作的影响

1. 新媒体对大学生的影响

受调查者中认为“互联网”、“QQ”、“微博”属于新媒体的分别占89%、78%、56%，而认为“报纸”、“广播”、“电视”属于新媒体的则分别只占33%，28%，33%，说明大学生对于新媒体的界定是非常清晰的。但受访者中认为“掌上媒体”属于新媒体的只占39%，这应该与受调查者对掌媒体这一概念的认识有关，可能部分受访者不理解“掌上媒体”的含义。因为据CNNIC统计显示，我国手机网民规模达7.88亿，网民通过手机接入互联网的比例高达98.3%。[①]（见图1）我们的访谈也证实了这一判断。

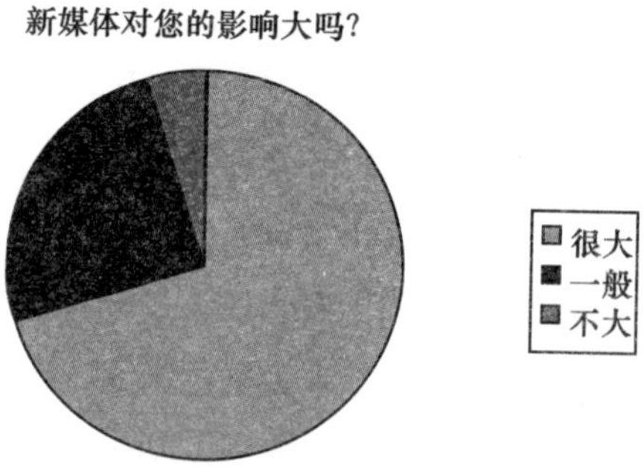

图1

① 中国互联网信息中心网站。http：//www.cnnic.net.cn/hlwfzyj/hlwxzbg/hlwtjbg/201207/t20120723_32497.htm

绝大部分受访者认为新媒体对自己的影响“很大”（约占70%），认为对自己影响“一般”和“不大”的则分别占25%和5%（见图2）。

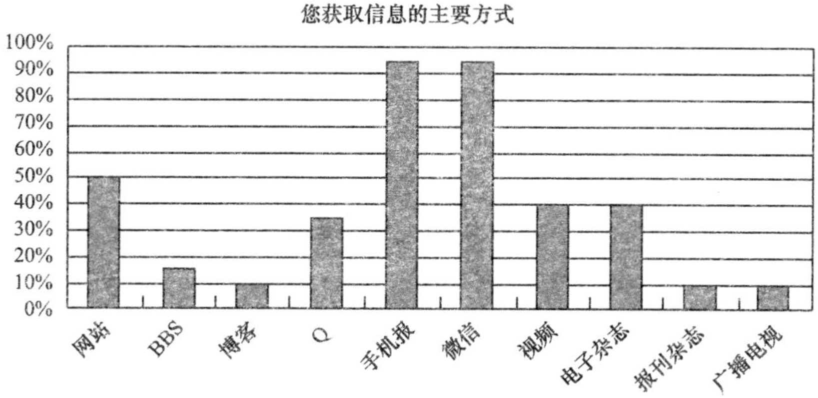

图2

新媒体也成为大学生获取信息的主要渠道。前三位的分别是“手机报”（95%）、“视频”（95%）、“网站”（51%），而传统媒体如“报纸杂志”、“广播电视”则排在最后两位，各占10%（见图3）。以上调查表明，新媒体正成为大学生学习与生活的重要组成部分。

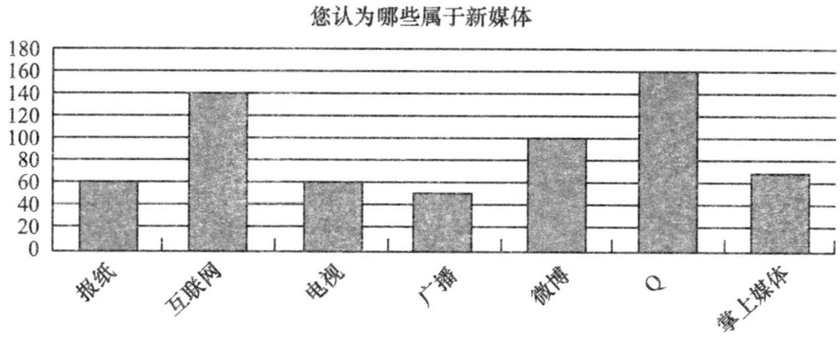

图3

2．新媒体对党建工作的影响

调查显示，70%的受访者更喜欢“网上党课”，只有5%的选择了“传统党课”。通过访谈，我们发现大学生更喜欢网上党课的原因主要有以下几点：（1）时空自由度高。只要能够上网，随时随地就能进行党的知识的学习；（2）形式活泼、直观、有趣味性。我们也可以从受访者“最喜欢的党课的方式”得到同样的答案，分别有75%，75%和65%的受访者选择了“网站”、“手机报”和“电子杂志”等新媒体（见图4）。

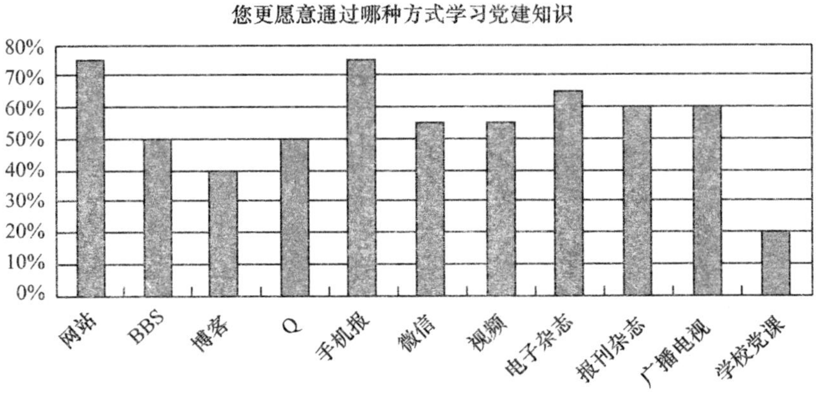

图4

为充分发挥新媒体对党建工作的积极作用，潍坊市绝大部分高校都建立了党建网站或专题网页。如潍坊学院的“创先争优活动暨党务公开网”、潍坊职业学院的“党务公开”专题、潍坊医学院的“创先争优，推进学习型党组织建设”等。对于高校党建网站的实施效果，受访者选择“非常满意”和“满意”的分别占30%和35%，说明党建网站还是获得了大部分人的认可。但值得注意的是，仍有35%的受访者选择了“不太满意”，并且选择“不太满意”的党员和入党积极分子的比例要高于一般比例（37%）。可能是因为党员和入党积极分子对党建网站接触较多，因而对网站建设有更高的要求（见图5）。

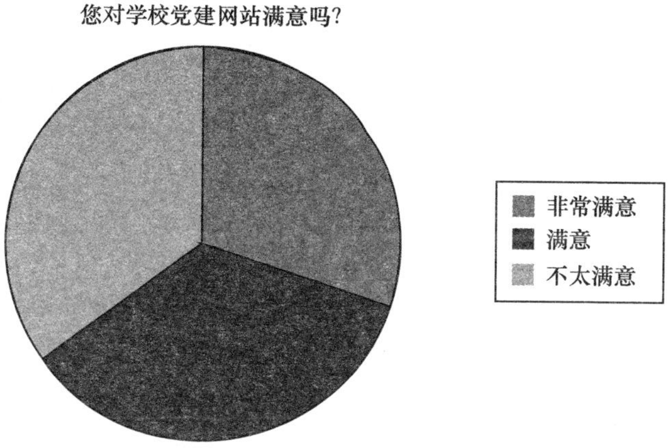

图 5

二、新媒体对大学生党建带来的机遇

新媒体以其快捷、覆盖面广、内容丰富、形式活泼多样的特点，给大学生党建工作带来了新的机遇。综合受访者的观点，主要有以下几个方面。

1. 即时性

“新”是媒体的灵魂，新媒体能够把全球发生的大事第一时间传输给受众，这是传统媒体无可比拟的优势。充分利用这一特点，有利于提高党建信息的迅速传播。例如十九大召开后，潍坊学院在第一时间将相关学习资料通过校园网传播给全体师生，掀起了学习十九大的热潮。

2. 整合性

与传统媒体相比，新媒体不仅传播速度快，而且传播信息容量巨大，具有立体性的特点，它整合了文字、图像、声音、动画、视频等海量内容，使受众形成全方位、多角度的印象，特别符合大学生求新求异的特点。例如潍坊医学院的“视频聚焦”除了直接的党建知识外，还增加了《廉政公益展播》和《信仰》等影像资料，使大学生观看视频时潜移默化地受到教育。

3. 互动性

我们的传统沟通方式是垂直的单向度沟通，即上级的政策和要求自上而下一级一级传达，下级的意见和建议则自下而上一层一层向上反映，程序复杂，环节繁琐，而且这种面对面的沟通方式也不利于受众意思的真实表达。而大部分新媒体都提供了让受众表达意见与看法的平台，决定了下层党员可以在任何地点、任何时间，发表自己的意见和评论而不必顾及上级看法，拓宽了沟通渠道。这种互动性有利于发挥大学生党员和入党积极分子的主体性，同时也有利于党务工作者收集信息，了解大学生的思想动态。例如潍坊学院的“学院论坛”，潍坊职业学院的“校园论坛”等为大学生提供了交流的平台，有利于党建网站的个性化发展。

4. 超时空性

传统党课的特点是在特定的时间和地点集合部分大学生集中培训，有针对性强的优势。但缺点也是显而易见的：一是受众面太窄，很多想了解党课内容的大学生得不到受训的机会；二是经常受到时间地点的限制，不利于学生随时随地接受教育。而新媒体就克服了这一缺陷，从整体上提高了大学生党课的吸引力和凝聚力。

三、新媒体条件下大学生党建工作面临的挑战

新媒体也是一柄双刃剑，不仅给大学生党建带来了新的机遇，同时也带来了新的挑战。

1. 新媒体对党的宣传方式提出了挑战

新媒体提供了方便、快捷、大容量的信息传播方式，但也容易造成信息泥沙俱下，鱼龙混杂。大学生党员正处于世界观、人生观和价值观

形成的关键时期，大量腐朽的、错误的、有害的内容会对他们造成极大的负面影响，不利于党建工作的顺利进行。另外，党的宣传有其自身的特点，但不少高校党建网站的建设一味求新求异，不利于体现党建工作的严肃性与深刻性。

2. 新媒体对舆论引导的方式提出了挑战

在传统媒体时代，上级组织可以对媒体的内容进行审查，并用特定的手段进行引导和影响，但随着新媒体的快速发展和广泛运用，信息传播手段日益多元化，传统手段已经难以奏效。这就要求大学生党务工作者顺应时代潮流，以受大学生欢迎的方式去引导舆论，宣传党的知识。

3. 新媒体对大学生党务工作者的素质与能力提出挑战

现实生活中的很多群体性事件，往往与新媒体推动密切相关。如果不熟悉新媒体的特点，就很难应对网络时代的挑战。大学生党务工作者必须既具有丰富的党建工作经验，又熟悉新媒体的运作方式，才能熟练应对新媒体的挑战。

四、若干对策与建议

新媒体的快速发展与广泛应用为党的思想理论的宣传、引导提供了工具，为党组织提供了新型管理手段，同时也成为社会监督的工具。因此我们应该在避免新媒体的负面作用的基础上，利用新媒体做好大学生党建工作。

1. 把新媒体作为大学生党建工作的重要手段

新媒体的迅速发展与广泛应用是不可逆转的趋势，因此，各高校应该根据新媒体的发展趋势适时地调整和改进大学生党建工作模式。近年来，把新媒体与党的建设联系起来，已经成为党建工作的重要创新方式。潍坊市各高校都已经清醒地意识到这一问题，并做了大量的工作。如潍坊学院在推进学习型党组织过程中，积极发挥新媒体的作用。要求

“各党总支（支部）要善于统筹媒体力量，综合运用传统媒体和新兴媒体，充分发挥各类新闻媒体在学习型党组织建设中的宣传舆论引导作用”。各高校应该加强新媒体的建设与利用，采取更适应大学生特点的传播方式，并增加与大学生的趣味互动，使信息的传播更加贴近大学生学习和生活的实际，以提高大学生党建工作的效能。

2. 改善大学生党建工作者的素质

正如我们前面所提到的，新媒体的快速发展对高校党建工作者提出了更高的要求。调查表明，目前潍坊高校很多党务工作者对新媒体如网络、手机平台等的传播特点缺乏深入了解，而大部分的媒体工作者的党务能力又比较缺乏。所以，引进和培养具有较高媒体工作能力和业务素质的大学生党务工作者，应是潍坊各高校的当务之急。

参考文献

[1] 芮晓武：《党建云 党的信息化建设探索与实践》，北京：人民出版社2014年版。

[2] 周滨：《“微博问政”与舆情应对》，北京：人民出版社2012年版。

[3] 张士海：《中国共产党文化领导权建设研究》，北京：中国社会科学出版社2013年版。

[4] 雷霞：《移动新媒体时代的舆论引导研究》，北京：中国广播电视出版社2014年版。

[5] 中央党校党建部课题组：《新媒体与党的建设》，载《中直党建》，2011年第5期。

[6] 高新民：《新媒体与党的建设》，载《理论探讨》，2012年第6期。

（作者简介：王刚，男，潍坊学院马克思主义学院讲师）

第三篇

思想政治工作研究

浅析新时代高校辅导员的使命与担当

高校辅导员工作从本质上说是给广大青年学生在思想领域释疑解惑、助力大学生成长成才的过程。要做好新时代大学生的思想引领和成长指导相关工作，更好地培养志向高远、有担当有作为、有文化守纪律能担当民族复兴大任的时代新人，必须深入学习认真贯彻习近平新时代中国特色社会主义思想，及时准确地为大学生答疑解惑，正确把握新时代对辅导员的新要求，勇于担当新时代赋予辅导员的新的使命，坚定辅导员专业化发展大方向，认真分析新时代高校思想政治工作面临的新问题，不断提升高校辅导员政治素养和业务能力。

一、新时代高校辅导员工作面临的新问题

当前，我国社会面临的主要社会矛盾发生了重大变化，在思想政治教育领域，主要表现为社会思潮多元影响大学生主流价值观形成，市场化、网络化挑战和冲击青年大学生人生观。大学生思想政治工作领域既有“产能过剩”现象，需要供给侧的改革，也有局部的发展不平衡不充分，需要提质增效、加快发展的问题。

首先，是大学生价值观取向呈现多样化、多元化的问题。由于广大青年学生所处的地域不同，家庭经济状况不同，成长环境不同，个人价值观取向呈现出了多样化、多元化的趋势。具体表现为有的热衷金钱，

有的追求事业，有的苛求爱情。这也体现了大学生认识事物的多样性、获取信息方式的多样性、思想水平和理想信念的多元化。他们在大学的学习和生活中往往注重物质享受，忽视精神追求；注重自我实现，轻视团队协作；奉献意识淡漠，责任意识缺失。

其次，是新媒体对大学生思想行为方式冲击的问题。新时代大学生是互联网时代的原住民，以移动互联为代表的新媒体的出现，可以说达到了“无人不互联、无处不互联、无时不互联”的状态，大学生价值观越来越受到到网络文化的影响，例如部分学生沉迷于网络游戏，网络“黄赌毒”对大学生思想产生了极大的侵蚀等，都对新时代辅导员工作提出了新的更高要求。

再次，是当前大学生学习动机多样化的问题。现在大学生求职呈多样化趋势，岗位需求差异化决定了大学生学习动机的多样化，大学生某种程度上忽视了思想政治素养的自我提升。[①] 由于科技进步和社会转型，大学生的思想和他们的身体一样处在一个快速成长发育期，个性张扬，荷尔蒙爆发，习惯自我为中心，注重个性张扬，内在核心价值观极不稳定，这也增加了辅导员工作的难度与压力。

辅导员自身发展和队伍建设也面临着许多新的问题。当今社会知识快速更迭，数据信息海量化以及辅导员个人学科背景的多元化，致使辅导员队伍专业化建设过程中有瓶颈，职业化道路有阻力。作为新时代青年大学生思想成长的领路人，辅导员务必认真扎实学习新思想、新理论，坚定“四个自信”，不断提高自身理论水平和业务能力。要充分发挥社会主义核心价值观的思想引领作用，切实帮助青年学生进一步提升辨别能力，澄清谬误，明辨是非。辅导员还要熟练掌握运用个性化的新媒体教育引导青年大学生，着力培养有理想、有信念、有担当的时代新人。

---

① 刘瑶:《新时期高校思想政治工作面临的问题与对策》，载《新教育时代电子杂志》(教师版)，2014 年第 2 期。

对于高校而言，随着社会基本矛盾和学生群体特点发生的改变，立德树人不再仅仅是思政教师和辅导员的事情，而应该成为高校中心任务，应该着眼于顶层设计、机制建设、激励保障等进行的系统架构，形成全员全过程全方位育人大格局。新时期高校思政工作的对象受网络影响较深，这个群体的认知情感、思想认知、行为方式、信息接收习惯和过去有很大不同，但他们同样爱党爱国，对自己的成长有期待，关键是我们能否与时俱进，改变方法，让学生在受教育过程中有更多的获得感。

二、新时代赋予辅导员的新使命

辅导员是高校开展大学生思想教育的骨干力量，是“最贴近学生的思政教师”，主要工作内容是对大学生进行思想引领，促使其良好行为养成，帮助他们做好学习规划、职业规划，督促指导帮助他们顺利完成学业。[①] 新时代高校思想政治教育工作面临许多新问题，新时代赋予了辅导员新的历史使命。我们要在科学分析的基础上，明确辅导员新的角色定位，当好大学生政治思想引路人，做好大学生成长成才的助力者，充当大学生健康安全的“守护神”，让自己政治站位有高度、对本职工作有热度、提升能力有尺度，角色定位明晰。

一是要当好大学生政治思想引领者。辅导员的主要工作是对大学生进行思想引领，促进他们良好行为养成，坚定其理想信念，使其成为有理想、有文化、有担当、德才兼备的中国特色社会主义合格建设者和可靠接班人。辅导员是大学生在思想领域的引领者领路人。新时代辅导员首先自己政治站位要高，要坚定政治立场，要严守政治纪律，要做政治上的“明白人”，要牢固树立“四个意识”，在思想上政治上行动上与以

① 李翘楚：《高校年轻辅导员的自我定位》，载《当代教育实践与教学研究》（电子刊），2018 年第 1 期。

习近平同志为核心的党中央保持高度一致，这是新时代赋予辅导员的新使命。当好这一角色，辅导员还要具有较高的政治理论素养，具有一定的马克思主义理论基础，这就要求辅导员要加强理论学习，不断提升自己的理论素养。

二是要做好大学生成长成才的助力者。辅导员要关心关注大学生的学习生活，做大学生的良师益友。要帮助他们做好学习规划、职业规划，督促指导帮助他们顺利完成学业。但因为种种原因，每个高校都会有那么极少数学生，不愿意学习，不努力学习，作为辅导员，在这方面要早发现、早督促、早帮扶。第二课堂是课堂教学的有益补充，对提升学生实践创新能力、拓展学生眼界和思维视野具有十分重要的作用。①新时代赋予辅导员又一新的使命就是要指导学生开展好第二课堂活动，充分利用第二课堂形式多样、健康向上、格调高雅的组织形式，增强“三全”育人亲和力。辅导员还要时刻关心学生生活，让最优秀的学生有奖励，最困难的学生有资助，想干事的学生有舞台，这也是新时代对辅导员提出的更新更高的要求。

三是要做大学生健康安全的守护者。作为最贴近学生的一线教师，辅导员有责任、有义务教育引导大学生学会保护好自身安全。近年来，高校有心理问题的学生数量呈现逐年上升的趋势，许多校园安全事件都与大学生的心理健康问题相关，辅导员要成为大学生健康安全的守护者，就一定要成为合格的心理健康咨询员，对学生心理健康上出现的小问题，能够早发现早应对，帮助学生尽快解决。解决不了的要早汇报，协助心理健康教师或其他专业人员做好相关工作，提升对学生心理危机干预的能力。辅导员要加强对学生的安全教育，通过多种渠道引导学生树立安全意识和自我保护意识。辅导员要严格规范学生管理，对于违法违规违纪的学生不护短不遮丑，及时处理。同时，辅导员要提高风险防

① 王伦刚：《辅导员视野下“三个课堂”育人模式的探索与实践——以潍坊学院弘德书院为例》，载《潍坊学院学报》，2017 年第 6 期。

控意识，对具有发生危险程度特征较高的学生要重点关注，对大型群体性活动的组织要有风险预判，应事先有安全预案，确保学生安全。

当代大学生肩负着同全国各族人民一起奋斗，全面建成小康社会、实现中华民族伟大复兴的神圣职责和光荣使命。辅导员是与大学生接触最多的老师，许多思想引领教育工作是体现在日常繁忙具体的工作中。把大学生思想引领融入到日常管理服务工作，切切实实增强育人的自觉，才能更好地完成新时代赋予辅导员的新使命。作为新时代的辅导员，要不忘立德树人育人初心，牢记育人光荣使命，用大历史观把握新时代，以青年大学生视角来看新时代，紧跟时代步伐，采用多元综合的表现形式吸引、影响青年学生，这是新时代辅导员新的历史使命。

三、新时代辅导员职业化、专业化发展的新要求

新时代赋予了辅导员新的历史使命，也对辅导员提出了新要求。对照《高校思想政治工作质量提升工程实施纲要》，我们在许多方面还存在不少问题和不小的差距。面对新时代新要求，要认真分析新时代高校思想政治工作面临的新问题，坚定高校辅导员专业化发展大方向，唯有不忘初心，更加奋发有为，才能完成好新时代赋予的使命。

首先，辅导员要加强自身政治理论学习。要认真学习十九大报告原文，深刻领会其精神实质，以便给学生讲解时“不跑偏，不变味”。采取多形式、多渠道学习总书记新思想、新精神，坚定理想信念，自觉用马克思主义的观点和立场来分析青年大学生在学习生活中遇到的新问题，用新思想、新理念抵制庸俗、恶俗、世俗消极价值观对大学生的恶劣影响，增强大学生政治辨别能力，使其树立正确的世界观、人生观、价值观。①

① 黄秋菊：《强化高校辅导员思想引领能力的路径研究》，载《开封教育学院学报》，2018 年第 2 期。

其次，辅导员要加强业务技能学习。根据《普通高等学校辅导员队伍建设规定》相关要求，辅导员在党团建设、班级建设、学风建设、日常管理、心理咨询、网络思政、危机处理等方面，加强业务技能学习，采用“走出去、请进来”等多形式加强业务能力提升，要敢于突破固有模式，积极探索当代大学生容易接受的育人新模式，帮助学生处理好思想学习等方面的相关问题。

再次，辅导员要重视网络思想政治教育。要认真学习运用新媒体新技术，抢占网络阵地，推动思想政治工作进网络，要以网络意识形态工作为重点，坚决唱响主旋律、打好主动仗。要利用新媒体，积极发声、主动发声，积极传播中华优秀传统文化、红色革命精神和民族英雄事迹。要加强自身网络素养，积极引导学生提高网络素养，弘扬主旋律，传播正能量。在新媒体领域创新工作路径，运用网络新媒体对学生开展思想引领、学习帮扶等。

最后，辅导员要重视理论和实践研究，加强辅导员自身科研能力提升。辅导员要注重实践经验的总结，积极参加国内思政相关学科领域的学术交流活动，积极争取国外访学研讨的机会，开阔视野，提升理论素养。要积极申报思政相关课题研究，争取完成高质量科研成果，达到科研辅助教学、科研助力思想政治教育的良好效果。

四、新时代辅导员队伍职业化、专业化的新措施——以潍坊学院为例

新时代高校思想政治教育工作要有新作为，辅导员队伍专业化建设是一项重要举措。潍坊学院一直非常重视大学生意识形态领域相关工作，经过多年不断探索，在辅导员专业化建设方面勇于创新，形成了独具特色的辅导员专业化建设新模式。

第一，多种形式加强辅导员政治培训。学校在财力相对紧张的情况

下，每年拿出专门经费为全体辅导员订阅专业杂志期刊，借以提高大家的理论水平。每年暑假组织全体辅导员异地培训，在开展辅导员综合能力培训的基础上，重点开展了十九大报告专题培训，让辅导员掌握最新的理论武器。定期组织辅导员开展学习新文件、新精神为主题的学习沙龙，可以说是以输不起的责任感、等不起的紧迫感、慢不起的危机感，坚定不移地用新思想、新理念武装辅导员的头脑，使其真正成为新时代大学生的思想领路人。

第二，多种途径提升辅导员队伍素质。我校高度重视辅导员队伍建设，认识到辅导员工作不同于思政课教师，许多思想政治教育活动是在处理学生事务中实现的。为此，我校努力推行“五个一工程”，成立“辅导员”名师工作室，全方位加大建设投入，辅导员的专业化建设取得了显著成效，在网络思想政治教育、心理育人、创新创业、辅导员队伍建设、公寓服务、国防教育等方面取得了一些标志性成果。

第三，多种渠道谋划辅导员个人发展。学校多举措完善辅导员激励机制，落实辅导员双线晋升政策。学校积极落实全国和全省高校思想政治工作会议精神，在辅导员专业技术职务评聘方面，重新制定了标准，更加注重考察工作业绩和育人实效，更好的实现了单列计划、单设标准、单独评审，辅导员职业化发展迎来了更加光明的前景，切实增强辅导员育人的自觉。

高校思想政治工作要遵循教育规律、学生成长规律，因事而化、因时而进、因势而新①，要坚持思想政治教育目标与学生成长成才需求相结合，坚持理论学习与实践锻炼相结合，坚持正面引导与释疑解惑相结合。对于新时代高校辅导员来说，务必坚定理想信念，构建开放格局，加强自身理论业务知识学习，保持谦逊的姿态，培养严谨的学风与作风，培养对所从事工作的敏锐的直觉和热爱。要做好新时代大学生思想

① 黄蓉生：《高校思想政治工作改革创新的“三因”要求论析》，载《思想理论教育导刊》，2017年第10期。

政治教育工作，必须深入学习认真贯彻习近平新时代中国特色社会主义思想，正确理解勇于担当新时代赋予辅导员新的历史使命，坚定高校辅导员专业化发展大方向，认真分析新时代高校思想政治工作面临的新问题，不断提升高校辅导员育人能力，更好地培养担当民族复兴大任的时代新人。

（作者简介：王伦刚，潍坊学院副教授）

高校辅导员视角下的“抓学风”

——基于潍坊学院化学化工与环境工程学院学风建设工作的实践与思考

习近平总书记在党的十九大报告中提出了“培养担当民族复兴大任的时代新人”的要求，这一要求深刻回答了“培养什么样的人、如何培养人、为谁培养人”等根本问题。习近平总书记在2016年全国高校思想政治工作会议上强调：要引导学生珍惜韶华、脚踏实地，把远大抱负落实到实际行动中，树立梦想从学习开始、事业靠本领成就的观念，让勤奋学习成为青春飞扬的动力，让增长本领成为青春搏击的能量。习总书记曾寄语青年学子：“人才有高下，知物由学。”梦想从学习开始，事业靠本领成就。广大青年要自觉加强学习，不断增强本领。人生的黄金时期在青年。青年时期学识基础厚实不厚实，影响甚至决定自己的一生。①

大学生成才靠学习，只有勤奋学习，努力增长本领，才能成为能够担当民族复兴大任的时代新人。所以说学风是德智体美全面发展的焦点和关键，是“牛鼻子”，学风建设是高等学校永恒的主题，良好的学风是激励学生奋发努力的精神力量，也是促进学校事业发展的无形资本。

① 2016年4月26日，习近平在知识分子、劳动模范、青年代表座谈会上的讲话。

高校辅导员做好工作的着力点，就是“抓学风”。

在习近平新时代中国特色社会主义思想和党的十九大精神指引下，在潍坊学院第三次党代会精神的指导下，潍坊学院化学化工与环境工程学院为按照学校“1248”工作思路的要求，牢牢把握“学生成长成才”这个基本点，聚焦“学在化院”建设，采取自律与他律相结合的“组合拳”方式，共同作用于学生的学业行为养成，在2018年4月—6月为加强学风建设推出一系列的制度和倡议，举办了一系列的活动，取得了一些成效。

1. 加强学风建设的指导思想

我们加强学风建设的指导思想是强化学生在学风建设中的主体地位，增强学生的责任感和主动学习的能力，充分发挥教师在学风建设中的主观能动性，充分发挥学生党员、学生干部、先进典型的示范引领作用；着力培养学生学会学习的能力、乐于学习的兴趣、勤奋刻苦的学习态度、严谨求实的学习精神和勇于创新的学习品格，形成““勤奋好学，求实创新”的良好学风，打造“学在化院”优良学风品牌。

2. 加强学风建设具体措施

（1）加强领导，明确责任

成立学院主要负责人担任组长的学风建设工作领导小组，把学风建设工作纳入学院党政工作的重点，加强对学风建设的统一领导，制定阶段性的学风建设目标；成立分管学生工作副书记担任组长的学风建设督查小组，加强对学风建设各项制度、措施的检查与监督。有针对性地选取学风状况观测点，对学风进行动态监控。

（2）打造“学在宿舍”品牌，以“舍风”促“学风”

辅导员、学生会强化宿舍检查工作制度，以常规定时检查和不定时检查结合的方式，督促学生清洁宿舍，走出宿舍，走向操场，走进教室。强化在宿舍学习的意识，倡导“睡前英语半小时”等形式打造“学在宿舍”品牌，建立专门的“睡前英语半小时”交流微信群，辅导员加入此群并督促每个宿舍每天上传该活动的视频，由学生会新媒体工作部根据视频进行量化，量化的成绩作为学风状态排行榜的基础数据之一。

倡导各宿舍建立每周一天的拒绝娱乐专心学习的“乐学一日制”。宿舍成员从一周七天中选择一天作为学习日，学习日不论班级课程有多少，课程以外的时间就要以做作业、读书、学习讨论等为主要内容。学习日期间，严禁玩游戏或聚众娱乐等影响学习的行为。

（3）实施课堂情况记录表制度，打造“学在课堂“品牌作为“学在化院”的主要支撑

面向大一大二学生实行早读制度，学生会学习部使用《早读情况记录表》（学生会版）对出勤情况和学习状态进行记录和量化，辅导员老师不定时进行抽查，抽查时填写《早读情况记录表》（辅导员版）。学生会在周末时对一周的《早读情况记录表》进行汇总。

根据学校要求面向大一大二学生实施晚自习制度，学生会学习部使用《晚自习情况记录表》对出勤情况和学习状态进行记录和量化，辅导员老师对所带班级的晚自习情况不定时进行抽查（要求每月至少抽查 2 次，如学校学生工作通报中所带班级晚自习情况较差则需要在通报后一周内至少抽查 2 次），抽查时填写《晚自习情况记录表》（辅导员版）。学生会在周末时对一周的《晚自习情况记录表》进行汇总。

面向全院学生对正课使用《课堂情况记录表》，由班长对出勤情况进行记录任课老师签字确认，并由任课老师对学习状态进行打分。由任课老师对班级的学习状态进行打分，调动了任课老师参与我院学风建设活动的积极性。

（4）着力打造学风状态排行榜制度

对 2015 级、2016 级和 2017 级 3 个年级共 18 个班的学习状态分年级分别进行量化排名，学生会将量化结果汇总核对后交负责学生会的辅导员老师审核，每周二之前公布上周的排行榜，分别在二级学院官方微

信平台“扬帆化海”和学院宣传栏以二级学院名义进行公示。

量化的具体规则：满分100分，对2016级班级和2017级班级，学在课堂占80分（学习部负责量化），学在宿舍20分（新媒体工作部负责量化）。

学在课堂占80分中，正课情况占比50%（出勤情况占25%，学习状态占25%）。

早自习情况占比25%（出勤情况占15% 学习状态占10%）。

晚自习情况占比25%（出勤情况占15% 学习状态占10%）。

对2015级因为对早读和晚自习没有要求，所以学在课堂的量化成绩即反映正课情况的《课堂情况记录表》的量化成绩。

学风状态排行榜结果的使用：学风排行榜名次不但和优良学风班级、先进团支部、先进班集体等集体荣誉挂钩，而且与奖学金、优秀团员、三好学生、优秀团干部、优秀学生干部的名额分配挂钩，并将结果运用到主要学生干部的组织发展问题中。

在学风建设总结表彰时，优良学风班级即实施学风状态排行榜一学期来每个年级平均成绩排名前两名的班级。

（5）引导学生正确认识学习和学风，充分调动学生学习的主观能动性

开展各种形式的学习思想大讨论，通过全院学生大会、学生会全体大会、师生座谈会、学生会例会、团支书例会、班委会团支部例会、班会、团支部大会、宿舍卧谈、兴趣小组等形式的学习思想大讨论在学生中营造“学风建设促我成长”的观念，使学风建设的理念、方法、措施在广大学生中真正做到入脑、入心。

通过讨论认识到学习的重要性及必要性；发挥朋辈育人优势，加强典型培育和宣传，用学生身边的人和身边的事，引导启迪广大同学，引导学生知学、乐学、善学。学习经验交流会、考研经验交流会是化学化工与环境工程学院的精品学风活动。2017年化院首次分专业进行学习经验交流会，取得了良好的效果，为分类型、分专业进行有针对性的宣讲

教育提供了丰富的经验。一方面，增大覆盖面，将英语四六级学习经验交流会、教师资格证学习经验交流会、计算机考级经验交流会、学习进步之星经验分享会等纳入宣讲教育体系中；另一方面，重视专业差异，提高针对性，分专业举行考研经验交流会，会后由考研成功的同专业学长学姐建立微信、QQ 考研交流群，开拓宣讲教育的“后方阵地”。

除此之外，充分利用校友资源，邀请部分优秀校友回母校与学弟学妹分享自己在校学习、毕业之后的成长经历，用鲜活的真人真事为在校学生描绘出努力学习后的光明前景，激发学生知学、乐学、善学的内在动力。

(6) 突出化学专业特色，鼓励学生创新，以“赛”促“学”，以“创”促“学”

重视培养和发展学生的创新精神，大力支持学生科技创新活动。结合我院的专业特点，开展各类学科竞赛、科技创新活动。充分突出化学化工与环境工程学院专业的特色，以实验技能大赛、师范生从业技能大赛等比赛形式，激发学生的学习热情，以“赛”促“学”。支持和鼓励学生参加省级以上教育主管部门组织的各类大学生科技创新活动，以“创”促“学”，进行相应学科科学研究并发表相关学术论文或取得一定标志性成果，对有科技竞赛和创新成果的个人和团体，在评优、评奖、组织发展等方面给予优先考虑。

(7) 总结表彰

学期末召开学风建设月活动总结表彰大会，对活动中涌现出的的先进集体（优良学风班级、优良学风宿舍）和先进个人（学习标兵、英语学习达人、志愿服务标兵、体育标兵、创新标兵）进行表彰并进行适当的物质奖励，利用总结表彰大会和学风建设活动先进集体、优秀个人展示看板等形式强化先进集体和先进个人的榜样示范引领作用。

活动结束后，分层次组织召开座谈会，认真对学风建设工作进行深入总结与分析，形成学风建设月活动的总结报告，固化好的做法，形成长效机制，促使学风建设活动常态化。

3. 学风建设活动的几点思考

我院开展学风建设活动，是贯彻落实学校有关会议精神，深入推进“育人质量保障工程”建设的重要举措，更是落实党的十九大提出的“培养担当民族复兴大任的时代新人”的必然要求。

（1）深刻领会学院学风建设的重要意义

学风是一所大学的灵魂，是治校治学的根本，是教师的治学作风和学生的学习目的、学习态度和学习纪律等方面的作风体现，体现了学校的学习之风、教学之风、学术之风，说到底就是学校的办学之风。

曾担任哈佛大学校长的美国教育家科南特说：“大学的荣誉，不在于它的校舍和人数，而在于它一代一代人的风气和质量。”优良的学风是提高教育教学质量的保障，人才培养质量是高校的生命线和核心竞争力，加强学风建设，弘扬优良学风是增强学校核心竞争力的必然选择。加强学风建设是高校的永恒主题，是实现“培养担当民族复兴大任的时代新人”的必然要求。

大学阶段是学生人生的关键时期，一个人能取得多大的成就相当程度上取决于大学阶段对知识、能力的积累。对于学生个体而言，学风是学生思想品质、学习精神和综合素质的重要体现，直接关系到学生的成长成才，关系到学生的前途和命运。潍坊学院颁布《关于学籍管理的补充规定》，对学习成绩达不到要求的学生进行学籍预警或降级试读以来，每学期、每学年都有数量不等的学生被预警或降级试读处理，从对这些学生进行学业帮扶的困难程度看，都让我们深深体会到只有良好的学习风气，才能促进学生形成扎实的专业基础、良好的思想品质和健全的人格，才能成为担当民族复兴大任的时代新人。因此，学风建设也是促进学生成长成才的应有之义。

（2）“学在课堂”、“学在宿舍”相得益彰，共同打造优良学风

课堂是学风建设的主战场。要加强学风建设，首要的是要构建良好

课堂教学风气，提高学生课堂学习效率，提升课堂教学效果，《课堂情况记录表》制度有力的提升了课堂教学质量：由任课老师对班长考勤结果签字确认，提高了学生对上课出勤的认识，督促班长每节课都进行考勤，从而提高了考勤质量；由任课老师对班级学习状态进行量化打分，充分调动任课老师参与学风建设的积极性，甚至可以倒逼任课老师认真备课和授课，有教学相长之义。学生宿舍是学生养成良好生活习惯、形成良好学风的重要场所，加强学风建设，也必须抓好“学在宿舍”建设，引导学生努力打造学习型宿舍，把宿舍变成同学们共同学习、共同成长的家园。“学在课堂”和“学在宿舍”两手都要抓，两手都要硬，把这两项工作抓实抓好就会为打造“学在化院”的良好学风品牌夯实基础。

(3) 师生携手全员参与才能抓好学风建设工作

学风建设不是一阵风，而是一场持久战；学风建设不是单纯的学生工作，更不是只依靠辅导员就能抓好的；学风建设更不是简单的开展几个活动，而是需要全员参与、群策群力才能抓好的一项系统工程。学风建设涉及学院工作的各个方面，必须切实加强组织领导。学院专门成立了学风建设工作领导小组，负责全校学风建设方案的制定、实施，学风建设工作的组织协调与督促检查等工作。学院党政一把手作为学风建设的第一责任人，分管教学工作的副院长、分管学生工作的副书记作为具体责任人。学风建设需要学院上下齐抓共管、通力协作，全体师生员工在学风建设中都承担着不可推卸的责任。学生要摒弃大学不必努力学习的错误想法，牢记习总书记“梦想从学习开始，事业靠本领成就”的教导，树立勤奋学习才能成长成才的正确认识，养成良好行为习惯和学习习惯，形成自律意识，做优良学风的践行者；教师要以“培养担当民族复兴大任的时代新人”作为自己的出发点和站位，在教学过程中需要教会学生如何学习，教会学生如何做人如何做事，为学生传道授业解惑，做优良学风的主导者。

（4）辅导员要主动担当肩负起学风建设的主体责任

辅导员对所负责班级学风建设负主要责任，对所带班级的早读、正课、晚自习还有“学在宿舍”等环节要认真负责引导督促学生乐学勤学善学，辅导员需认真指导学生会充分发挥学生会自我管理、自我教育、自我服务的功能，做好学风状态排行榜的基础数据的采集汇总等工作。从强化学生日常行为管理、狠抓养成教育入手，引导学生养成乐学勤学善学的学习态度和知难而上勇攀高峰的学习习惯，变“要我学”为“我要学”，形成“正学风，人人有责；学风正，人人受益”的格局。

学风是校风的核心，良好的学风是学校的宝贵财富，也是学生成长成才的有力支撑。作为高校的辅导员，我们要做大学生健康成长的人生导师和知心朋友，为了学生的成长成才，就必须高度重视学风建设，充分认识学风建设的重要性和紧迫性，立足本职，立足学校实际，以“抓铁有痕、踏石留印”的劲头，通过扎实细致的工作为全面深化学风建设，进而增强学校实力，提高人才培养质量而努力工作，为把学生培养为中国特色社会主义的合格建设者和可靠接班人贡献出自己的力量。

（作者简介：马永生，潍坊学院讲师）

微信环境下辅导员工作创新研究

微信（WeChat）是腾讯公司于2011年1月21日推出的一个为智能终端提供即时通讯服务的免费应用程序。微信提供公众平台、朋友圈、消息推送等功能，用户可以通过“摇一摇”、“搜索号码”、“附近的人”、扫二维码等方式添加好友和关注公众平台，同时可以将内容分享给好友以及将用户看到的精彩内容分享到朋友圈。《2018微信年度数据报告》显示，截止到2018年9月，微信每个月有10.82亿用户保持活跃，每天有450亿次信息发送出去，每天有4.1亿音视频呼叫成功。我们可以说这是一个微信的时代。

微信在大学生群体中的普及程度较其他群体来说更高一些，微信在不同程度上影响着当代大学生的价值取向、思想状况、行为方式等，也给高校辅导员工作带来了新的课题。高校辅导员作为与大学生接触最多的大学教师群体，是开展大学生思想政治教育的骨干力量，是高等学校学生日常思想政治教育和管理工作的组织者、实施者、指导者，要成为学生成长成才的人生导师和健康生活的知心朋友，必须重视微信对大学生起到的作用，走近学生，利用微信开展工作创新。

一、微信对大学生的作用

（一）维护拓展人际关系

微信带来了通讯的变革，让人际沟通的成本降低，只需要很少的流量费用（或者使用免费 WIFI）就可以发送文字、图片、视频或者进行语音聊天、视频聊天等。一定程度上可以取代短信、电话等。而且，微信只需要一部智能手机，便实现了即时沟通，比起之前很多联络方式都更加便捷，这十分有利于人际关系的发展，让朋友之间不会因为距离的遥远和平日的繁忙疏于联系，这也是微信之所以如此普及的最重要原因，对于容易接受新鲜事物的大学生来说，当然更是如此，他们乐于使用微信进行人际沟通。

其次大学生们可以通过微信拓展自己的交际圈，结识更多的朋友，他们可以通过搜索、“摇一摇”、扫二维码、微信群等简单便捷的方式认识原本陌生的人，联系上曾经的朋友或者需要的朋友，大大减少了交际的成本，可以为大学生之后迈向社会积累人脉资源。

（二）获得认同

大学生很容易陷入精神的孤独中，他们比其他群体更渴望理解和认同，而微信朋友圈可以为他们寻找这种认同感提供一个场所，不管他们所思所想是什么，总能在发布到朋友圈时获得共鸣。而且，微信朋友圈可以被用于大学生自我形象的塑造，展现他们愿意展现的一部分精神面貌，来获得更多的认同和精神满足。

（三）增长知识，提供娱乐

通过微信朋友圈以及微信公众号，许多新闻消息、生活技能、科学知识等通过用户的大规模转发被更多的人知晓。大学生们可以通过微信获得新鲜的资讯，获得未知的知识，可以与他人的思想激烈碰撞，从而开拓自己的眼界，提高自己的综合素质。

微信也传播非常多的娱乐信息，传播有意思的视频图片等，给大学生们提供娱乐功能。

（四）利用微信进行创业尝试

微信购物被越来越多的人接受。很多学生也利用自己的朋友圈进行了创业尝试，在“大众创业、万众创新”的今天，大学生们的尝试理应得到肯定。

二、辅导员依托微信开展工作的可行性和必要性

（一）微信朋友圈反映了学生们的思想状况

微信朋友圈有既公开又私密的特征，学生一方面乐于在其上发照片、文字，表达自己的所思所感，以期获得他人认同；另一方面由于相对私密，他们很多时候不用顾忌父母和老师，所以可以把自己的真正想法表达出来。通过这些，辅导员老师可以掌握学生们的思想脉络。而且，学生也在有意无意间透漏着其他同学的信息，这就扩大了辅导员了解学生的范围。辅导员也可以通过班级群等了解学生的思想动向。

（二）微信可以提供畅通的沟通渠道

高校辅导员一个人往往要面对几百个学生，无法经常性的与学生进行一对一的交流，使信息在传递给学生的过程中容易出现噪音，学生对很多问题没有充分理解又得不到及时的反馈。微信拥有的即时性、交互性特点和学生的高参与度，不但为辅导员提供了高效的信息发布的平台，更提供了双向的沟通渠道，使学生便于随时与辅导员进行单独交流，减少噪音，提高满意度。学生之间也可以通过这一渠道进行双向甚

至多向的沟通，实现信息共享。在我们前期开展的一项调查中，微信在学生中的普及率接近百分之百，经常使用微信的占据90%以上，在家长中的普及率大于80%，这样高的普及率充分证明了利用微信进行畅通沟通的可行性和必要性。

（三）微信丰富了思想政治教育的内容和方式

由于学生关注的热点问题千变万化，辅导员在现实中要准确抓住学生的关注点，并进行有针对性的引导，是一项较难的工作。微信可以让辅导员抓住学生某一时期的关注热点，及时、实效地对学生进行舆论引导。同时，辅导员利用微信开展工作时可以灵活运用视频、文字、表情等，让自己更具亲和力，更贴近学生。而且，微信缩小了思想政治教育的时空距离，不用必须把学生集中在某一个固定的地点，只要有手机，随时随地都可以开展思想政治教育。

（四）学生对“意见领袖”的趋同性也为辅导员通过微信开展工作提供了可能

“意见领袖”是指在人际传播网络中经常为他人提供信息，同时对他人施加影响的“活跃分子”，他们在大众传播效果的形成过程中起着重要的中介或过滤的作用，由他们将信息扩散给受众，形成信息传递的两级传播。“意见领袖”未必都是大人物，相反，更常见的情况是“意见领袖”就是我们生活中所熟悉的人，如亲友、邻居、同事等。正因为他们是人们所了解和信赖的人，他们的意见和观点也就更有说服力。学生们由于思想不是十分成熟，他们可能较其他群体对于“意见领袖”的观点更容易认同，所以辅导员不仅可以通过自己成为“意见领袖”的方式对学生进行思想引导，而且还可以通过适当培养优秀学生作为“意见领袖”或者通过指导已存在的“意见领袖”的方式来对学生进行引导。

（五）大学生通过微信显露出来的“负能量”让辅导员占领微信这一阵地成为必要

当前社会思想文化多元多样，经济就业形势严峻，大学招生扩大导致大学生去“精英化”……这种种问题让大学生经常陷入迷茫之中，有时候会觉得找不到未来的方向，所以容易产生消极思想。社会上盛行的“拜金主义”“利己主义”之风，也让一部分学生不思进取，贪图享乐，重利忘义，容易以自我为中心，缺乏奉献精神，道德素质下滑。还有一些学生过度沉迷于网络，不愿意接触现实社会，而是在虚幻的世界中寻找自我。另外由于网络立法的滞后性、网络技术的不完善性，给腐朽落后思想和有害信息的传播以可乘之机。面对纷繁复杂的网络环境，大学生的世界观、人生观、价值观、道德伦理、生活态度、生活方式等都很容易收到影响和冲击。大学生们自己受到这些思想影响，很容易在微信上显露出“负能量”，这些“负能量”容易传染，在大学生群体中迅速传播。所以，占领微信这一阵地，并因势利导，反过来运用微信的优势加强高校大学生思想政治教育工作是一项亟待解决的问题。

三、辅导员利用微信开展工作创新路径

（一）牢固树立“以生为本”的理念，主动参与，实现即时化、主动性的沟通交流

习近平总书记在全国高校思想政治工作会议中指出：“要运用新媒体新技术使工作活起来，推动思想政治工作传统优势同信息技术高度融合，增强时代感和吸引力。”辅导员要牢记“大学生在哪里，辅导员就在哪里”，以生为本，主动参与，实现即时化、主动性的沟通交流。

首先，辅导员应该及时充分利用微信，加自己的全部学生为好友，及时关注学生们的思想动态。当前，校园BBS、博客、SNS网站甚至QQ等逐渐式微，通过微信进行网上沟通和交流成为大学生们习惯的方式，

所以，作为工作在学生管理、思想政治教育第一线的辅导员们也要充分利用微信建立起自己与学生们的圈子。通过微信朋友圈等了解学生动态，掌握他们的思想状态，针对他们的问题、困惑及时地进行解答，对他们进行思想引导，并开展其他一些日常工作。

值得注意的是，微信只需要知道手机号码或者通过“扫一扫”等便可以轻松加好友，轻松实现“一对一”交流，同时也可以非常简单地建群聊，实现“一对多”的交流。所以，辅导员应该及时开设或加入各种群聊，如班级群、大学生党员群等，不仅开展“一对多”的交流辅导，更可以通过群聊了解学生们都在做什么，想什么。另外，因为大学生家长使用微信也很多，在条件允许的前提下，与家长的沟通也可以通过微信的方式，建立学生家长群，召开“微信家长会”，通过微信实现家校联系，这样可以大大降低与家长的交流成本，密切家长与学校与辅导员的关系，让工作开展更顺畅。

其次，辅导员应积极营造一种相对轻松、平等的交流环境，充分尊重学生。尊重学生的话语权，当学生们发表一些对学校、对社会的负面看法时，要认识到学生思想的局限性，不能对他们简单地进行打压，而是找到问题的源头，帮同学们解决问题，及时化解学生的心结，缓和矛盾。要与学生打成一片。

第三，要通过微信朋友圈等进行自我形象管理，将真实的自己展现给学生，将自己的想法告知学生，让学生们理解自己，信任自己，依赖自己，拉近和学生的距离，融洽关系，提高在学生中的威信和受欢迎程度。在学生对自己提问或朋友圈留言时及时地进行回复，给他们以充分的重视。这样才能让他们觉得辅导员是亲切可信任的。在这个过程中，树立自己的非权力影响力非常重要，当然，最理想的状态是成为学生的“意见领袖”，以更好地引导学生树立正确的世界观、人生观和价值观，更好地开展日常教育工作。

（二）利用微信公众号平台开展工作

微信公众号本来是企业展示自己形象进行营销的手段。但是在这个自媒体时代，开设公众号非常简单。据微信官方统计数据，截止到2016年6月，微信公众号已达800万个。辅导员也可以充分利用这一新工具，开设个人公众号，并让学生们广泛关注，这样利用公众号发文章、图片、视频等，能更加形象、及时、全面、立体、有效地传递“正能量”。

辅导员可以通过微信公众号适当制造话题，尤其是因为某些网络热门事件产生大量负面影响时，及时发声，以增强大学生思想政治教育的引导性和针对性。在利用公众号推送文章，并与读者进行交流的过程中潜移默化地影响学生，引导学生。这也更利于塑造辅导员在学生心目中的形象。

（三）培养学生中的“意见领袖”

由于“意见领袖”在人际传播中具有重要的作用，所以培养学生中的“意见领袖”不可或缺。辅导员可以以学生党员、学生干部、社团干部等学生骨干群体为依托，选拔与培养一批在大学生中思想先进、学习优秀、道德高尚、态度端正的学生，对他们进行专门培育引导，努力发挥他们在现实生活与网络环境中的模范带头作用。同时，及时发现学生中已有的“意见领袖”式人物，更加关注他们的动向，并适当引导他们，让他们利用微信传播“正能量”，发挥“意见领袖”的正面作用。

（四）协助学生消除微信带来的不良影响

1. 协助学生提高自己的约束能力，防止沉迷手机网络

要教育学生提高自我修养，形成严格自律的好品质，控制自己玩手机、使用微信的时间。及时关注在手机上耗费太多时间的学生，对他们进行个别引导，防止学生成为“低头族”。

2. 防止学生过分沉溺虚拟社交

微信的优点有很多，但微信社交是建立在网络上的虚拟社交，长期沉溺于此有可能带来学生现实中社交能力的下降及对现实社交圈子的忽视。所以辅导员应该关注在微信上十分活跃，私下却十分内向的学生，引导他们培养自己的兴趣爱好，建立更具吸引力的现实社交圈。

3. 帮助学生提高对通过微信渠道传播的消息的辨别选择能力，让他们自觉远离虚假、暴力、色情和不良的煽动信息

教育学生不要轻信谣言、不要陷入微信购物纠纷等。微信朋友圈里很多信息鱼龙混杂，大学生有时候容易轻信，这也给辅导员提出了更高的要求，辅导员必须不断坚定自己的政治信仰，提升自己的知识储备，才更容易鉴别出不利于学生成长的消息并通过各种方式及时对学生加以引导。

4. 对于在微信朋友圈中存在互相攀比等问题，及时引导学生，以免学生心理出现不良波动

对于他人的“晒幸福”、“秀成就”等，应引导学生树立正确认识，让他们通过自己努力获得人生的成功，而不是去嫉妒别人的成绩。

（五）关注微信的同时注重网络之外的思想政治引导

作为高校辅导员，除了通过微信关注学生之外，更重要的是做好网络之外的各种日常管理、思想政治引导等工作，要时常通过与学生谈心，开展主题班会、深入学生宿舍等传统方式开展工作。而且在利用微信开展工作时遇到的种种问题，更好的解决方式也是在现实中解决，比如遇到学生思想上的波动，必须转到现实中来了解具体情况，为学生解决具体问题。只有这样，微信才能发挥更大的作用，帮助高校辅导员开展工作。

结语

微信的应用改变了高校辅导员以往的学生工作信息传递模式，改变着学生们的认知渠道，对社会、对大学校园都产生了深刻的影响，这是一个微信的时代，辅导员如何利用微信开展工作也是随之而来的时代命题。高校辅导员必须不断努力，勤奋好学，与大学生齐发展共成长，不断接受新事物，利用新手段开展工作创新，只有这样，方能成为一名合格的高校辅导员。

（作者简介：韩靖雯，女，潍坊学院讲师）

论在五大理念指导下辅导员如何运用QQ群创新性开展工作

——基于对W学院“叫醒梦想青春群”的调研

中共十八届五中全会提出了创新、协调、绿色、开放、共享的五大发展理念，这五大理念是在马克思主义科学理论的指导之下具体问题具体分析的成果。其中，“创新”作为与时俱进的发展，突出了在遵循规律前提下追求质的飞跃；“协调”凸显了重点论与两点论统一的辩证方法，重视整体与部分的关系；“绿色”蕴含了马克思主义生态观及中国传统的唯物主义哲学，注重永续发展；“开放”体现了联系的普遍性原理，是对马克思主义开放性特质的继承；“共享”则诠释了马克思主义的唯物史观，体现了“以人为本”的观点。理念的提出不仅是破解当代中国发展难题，厚植发展优势的理论指导和实践指南，更因其丰富的理论内涵和哲学意蕴，为高校教育包括辅导员的实际工作提供了重要的哲学依据和方法论意义。

一、辅导员利用QQ群开展工作现状

QQ群是一个聚集一定数量QQ用户的长期稳定的公共聊天室，群主在创建群以后，可以邀请多人到一个群里通过文字、语音视频等方式相互交流信息，除此之外，用户还可以通过群空间、QQ邮箱、视频电话、自定义图片即时发送和接收、点对点断点续传文件、共享文件等方式进行交流。作为一个被师生广泛使用的交流平台，QQ群不仅可以进行平等的互动、一对多的通知，还可以共享丰富的信息资源，拓展思想政治教育空间，因此已经成为辅导员工作的重要工具。随着网络媒体的发展，类似的功能也在微信群等网络工具中得以延伸。

QQ群的及时性、交互性使其成为辅导员开展思想政治教育不可或缺的重要载体，因此，班级群、班团干部群、党员先锋群等成为辅导员工作触手可及的重要阵地。但调查显示，由于辅导员繁杂的日常事务及学生与辅导员作为管理与被管理的矛盾关系，有辅导员参与的QQ群存在着利用率不高、活力不足、互动较少、形式主义泛滥等问题。

二、W学院“叫醒梦想青春运动”概况

在五大发展理念提出的背景之下，某校W学院在辅导员带领之下开展了“叫醒梦想青春运动”，以“叫醒梦想青春群”为依托，形成线上梦想社区，采用线上线下联动的方式，规范学生日常行为，促进习惯养成。“叫醒梦想青春群”是“叫醒梦想晨读群”、“叫醒梦想奔跑群”、“叫醒梦想单词达人群”三个群的统称，学生皆以自愿方式入群，晨读群和奔跑群要求参与者每天在规定时间内发送即时的晨读、运动图片到群中，单词达人群则要求截图在手机APP“百词斩”上记忆单词的数量，每天有专门的人员进行统计，一周内三次以上不发图则会被踢群。该群除了“叫醒梦想”之外，还是学业、就业经验交流群，群中既有辅导员、任课教师，还有优秀校友。

三、研究对象与方法

“叫醒梦想青春运动”进行了122天，参与人数为237人，期间共有21人被踢群。为深入探讨五大理念对辅导员利用QQ群开展工作的指

导意义，笔者以该活动参与者为样本进行了调研。

本文采用问卷调查和个案访谈的研究方法，发放调查问卷 237 份，回收有效问卷 237 份，有效率为 100%。问卷内容涉及活动前后对比、活动的影响和意义、参与者的切身体会等方面，共 12 道题。个案访谈 6 人，为随机抽取。

四、辅导员在五大理念指导下利用 QQ 群开展工作路径探析

（一）树立创新发展理念，遵循立德树人的基本规律

“创新”理念的核心是符合人的发展规律，五大发展理念用在教育上就是要尊重立德树人的基本规律。所以，辅导员在育人的全过程中首先要有一个立德的责任，同时，又要把育人的基本规律和教育对象的时代特点以及辅导员遇到的实际问题相结合。

1. 创新理念，遵循网络育人规律

创新不仅是社会发展的第一动力，更是教育的本质，教育事业本身就是一个创新的事业。但是创新并不是把所有东西都打破，创新的出发点和归属点是尊重规律、实事求是。尊重教育的规律就是尊重育人的规律。对思想政治辅导员而言，利用网络开展工作，要把德育放在首位，网络只是方式，是工具，而德育是内容，它是贯穿于培养人的全过程的，也就是说，育人的全过程都有以德为先的责任，如果以网络新形式取代育人的本质内容，则脱离了教育的本质。“叫醒梦想青春群”不是普通的事务群、通知群，它是一个积极向上的网络社区，它为同学们营造了一种良性的竞争关系和上进氛围，入群的同学以自我约束为主，他律为辅。即便个别同学无法坚持到底，也没有惩罚措施。这种方式改变了传统的硬性监督，转为春风化雨般的自我坚守，培养学生自律的习惯

和坚持到底的品性。调研结果显示，92.4%的人认为以QQ群的方式激励日常行为的优点是自愿参与，有一定的被信任感，可以帮助培养自主学习和健身的意识；而38.4%的人认为晨读、早操签到、查评等制度效果一般，不利于主动性的发挥。

表1　对于晨读（早操）签到、检查制度的看法

问题	选项	回答人数	比例
对于晨读（早操）签到、检查制度你有什么看法	效果很好 会主动学习	146	61.6%
	效果一般 自己主动性不大	64	27.0%
	应付形式，没有意义	27	11.4%

2. 与时俱进，契合大学生时代特点

大学生的成长总会铸上时代的烙印，辅导员作为伴随学生成长的重要角色，观念上要求与时俱进，不断创新，工作方式和内容上要求契合大学生的时代特点。只有这样，才可以抓住学生脉搏，将工作做到点上，实现事半功倍的效果。在关于大学期间晨读意愿调查中，88.3%的人具有晨读意愿；而97%的人在没有约束的情况下并没有晨读行为。大学生虽在智力及身体上已经发育成熟，也有独立的学习和生活能力，但是自律性欠缺、易被环境左右、情绪化严重等是他们的重要特征。同时，他们追求民主，不喜欢被束缚，希望被给予足够信任，这就要求辅导员根据学生特点，与时俱进地开展工作。

在创建叫“醒梦想晨读群”之前，辅导员进行了大量的准备工作。与传统的说教不同，辅导员制作了2015—2016年度第二学期在校时间精算表，帮同学们算了一笔时间账；召开动员大会，充分发动有意向的同学参与，并为其解决后顾之忧。个案访谈中，参与者纷纷表示自己从未想象到每天可自由支配时间那么多，看到精算表后感觉震撼，于是在班会上当即下定决心参与到活动中。调查显示，79.7%的人认为“叫醒梦想晨读群”相比较于传统的晨读活动，其优点是可以自定地点和学习内容，民主性强。

表 2　2015—2016 年度第二学期某专业学生在校时间精算表

详细项目	天数（工作日）	平均小时数	总小时数
吃饭	84	3（假设）	252
睡觉	84	8（假设）	672
共计		924	
四个月实际可用小时数：2016 小时 －924 小时 ＝1092 小时			

年级	上课时间（小时）	实际支配时间（小时）	总天数	每天可支配时间（小时）
2013 级	452	640	84	7. 6
2014 级	486	606	84	7. 2
2015 级	522	570	84	6. 8

（二）奉行协调发展理念，建设和谐高质的网络关系

协调，是持续发展的内在要求，是对全面育人的宏观把握。网络思想政治教育面临着诸多协调任务，知识性与价值性、传统性与创新性、技术性与人文性、自由性与控制性、主导性与互动性等，都需要协调发挥作用。以协调发展理念为指导，就要规避网络弊端，强化集体意识，增强线下互动，统筹兼顾地做好各方面的工作。由于网络环境改变了师生的不平等关系，将“金字塔”型的师生关系调整为“平面”型的和谐师生关系，辅导员要将学生学习与发展的自主权交给学生，成为学生的良师益友，营造和谐的育人环境，充分发挥学生“自我管理”、“自我教育”、“自我服务”的积极性。

1. 协调个体与集体、线上与线下的关系

“以网络技术为依托，各种新媒体交织形成一个自由度高、互动性强的社交空间。在这个空间里，现实社会中的法律、道德、习俗、制度等都失去了对个人的约束力，个人在这个空间里面的行为几乎不受任何

限制，自己是自己的王国。”① 网络环境的这种自由性使得大学生更看重自我，力求实现个人目标，而大学班级界限的淡化也使得集体意识更为淡薄。“叫醒梦想青春群”以兴趣及目标为导向，将同学们聚集起来，并且将线上的相互约束延伸到线下的经常性活动，如“叫醒梦想晨读群”的加入者每天早上七点十分之前会进行晨读；而加入“叫醒梦想奔跑群”的同学每天晚上九点半会定点约跑，这种方式不仅使得活动的有效性大大增强，改变了“线上欣欣向荣，线下一片清冷”的局面，协调了线上与线下的关系，这也使得群中同学的归属感逐渐确立，集体意识有所增强。调查显示，80.6%的参与者认为，集体的正向影响是自己在活动中坚持不懈的原因。

表3　QQ群激励方式的优点

问题	选项	回答人数	比例
您认为以QQ群的方式激励你的日常行为其优点是什么	自愿的参与方式利于培养自觉意识	219	92.4%
	自定地点和学习内容，民主性强	189	79.7%
	集体的正向影响	191	80.6%
	开放的评价和反馈机制	174	73.4%
	教师的参与和互动	169	71.3%

2. 协调网络环境中教育者与被教育者之间的关系

在网络思想政治教育环境之下，传统的“面对面”的思政形式逐步向“键对键”转变，学生可以通过网络平台自由发表观点和意见，辅导员不再是高高在上、说一不二的角色，话语权在一定程度上被淡化，对被教育者管理、领导失去了传统师生关系的凭借。在这种转变下，辅导员不应该以“堵”的方式解决被教育者思想价值多元和泛化的现状，

① 尼葛洛庞帝：《数字化生存》，胡泳等译，海口：海南出版社1997年版，第13页。

“叫醒梦想青春群”中辅导员不再是监督者、管理者或者价值中立者，而是契约维护者，与被管理者拥有共同的目标和意志，这便缓和了教育者与受教育者之间的矛盾。平等、民主、自由、服务的育人方式有利于激发了受教育者的积极性，提升网络互动的有效性。受访参与者表示，由于群环境比较宽松舒适，自己不会再像班级事务群一样因为辅导员是群的管理员而有所顾忌，选择沉默不言。

（三）坚持绿色发展理念，培育正确永续的价值取向

2016年全国教育工作会议中要求，“以党的十八届五中全会提出的五大发展理念引领未来教育发展”，并指出“以绿色发展理念引领教育风尚，培养师生的绿色观念”。绿色，在教育领域中的意义，不仅仅是培养学生的环保意识，更是涉及教育生态问题，涉及人的永续发展问题，它是指在教育中始终追求育人质量的绿色，立足生命原点，回归育人本质，培养学生终生学习的能力，促进学生的永续发展。

1. 用正确的价值取向营造绿色的网络生态

绿色发展不是浅层次的集约发展，它是深层次的生态发展。在网络语境下，辅导员要构建社会主义核心价值的网络共同体，改变强行灌输和被动接受，摒弃功利至上和短视发展，要重视学生人文素养的提升、人格的健全发展，关注学生个体的思想状态，使社会主义核心价值不仅能够得到网络环境外全体师生的认同，又能得到网络环境中学生个体的认同，形成核心价值整体推进、广泛认同的良好生态。“叫醒梦想青春群”定期组织线下活动，邀请群里的老师、校友与同学们面对面促膝长谈，根据同学们的需要，每期不固定地选择相应主题，尝试发起“真人图书馆”活动，活动中出借的“书”由“人”充当，“人”在读“书”的同时，“书”也在读“人”，这一模式使得网络育人生态向生活化和人本化转变，将核心价值观的教育和大学精神的培养以一种“润物细无

声”的方式得到落实。

2. 重视网络环境中对大学生理念培养到行动引导同步推进

调查结果显示，虽然 88.3% 的同学具有晨读意愿，但未建立 QQ 群时，21.2% 的人在晨读时间玩手机，41.8% 的人睡觉，29.5% 的人吃早餐，只有 3.0% 的同学会在晨读时间学习；当问及 QQ 群对行为养成的帮助时，79.7% 的人表示很大程度上得到了提高。中共十八届五中全会通过的《中共中央关于制定国民经济和社会发展第十三个五年规划的建议》（以下简称《建议》）中指出：“绿色是永续发展的必要条件和人民对美好生活追求的重要体现”①，将绿色发展理念贯穿到辅导员的网络思政工作中，应该表现在两个方面：一是要使正确的价值观在学生心中生根发芽，二是引导学生用正确的价值观约束日常行为，把正确的理念融入到学生管理中。在网络语境下，说教变得即时可达，而对于自我管理能力欠缺、言行有时难以统一的学生而言，行为养成教育是不可或缺的。“叫醒梦想青春群”力求引导学生做到“知行合一”，帮助学生走出网络，培养良好的行为习惯，即便在无人约束的情况下，依然能够将目标付诸行动。

表 4　未建立 QQ 群时晨读期间在做什么

问题	选项	回答人数	比例
未建立 QQ 群时晨读期间你在做什么	学习	7	3.0%
	玩手机	50	21.2%
	睡觉	99	41.8%
	吃早餐	69	29.5%
	其他	11	4.5%

① 《中共中央关于制定国民经济和社会发展第十三个五年规划的建议》，载《人民日报》，2015 年 11 月 4 日。

表5　QQ群对行为养成的帮助

问题	选项	回答人数	比例
您觉得QQ群对您的行为养成有帮助吗	很大程度的帮助	189	79.7%
	一般程度的帮助	43	18.1%
	没有作用	5	2.1%

（四）崇尚开放发展理念，引入灵活多元的评价机制和参与方式

开放理念是进行网络思政教育的内在要求。辅导员应以开放的理念对待不同时期网络思想政治教育内容及方法的探索，主动实践对大学生行之有效的新模式、新理论、新方法，使网络思政教育在促进大学生综合素质养成的过程中变得越来越有效。

1. 立足实际需求，建立开放的网络评价和反馈机制

辅导员开展网络思政教育就是充分利用网络这一信息传播的重要媒介，通过与学生的交流互动及组织线下活动来达到对学生教育引领的目的。目前网络思政教育中存在着重视形式和内容，忽略教育对象的满意程度和实践效果等问题，从而使得辅导员的工作愿景与大学生实际需求脱节，达不到思政教育的目标和要求。因此在网络思想政治教育的情境之下，辅导员要立足学生实际需求，构建开放的网络评价和反馈机制。如“叫醒梦想单词达人群”由学生干部管理，每天固定人员统计发图情况，评选出每日“单词达人”，作为榜样的力量，“单词达人”照片和简介张贴于公告栏中；“叫醒梦想晨读群”和“叫醒梦想奔跑群”则由辅导员做管理员，每日对签到情况进行公示，被踢群同学的姓名不会公开，这种灵活开放的评价和反馈机制严中有松，有利于磨练学生的意志，锻造善于坚持和自律的良好品性。在调查中，73.4%的同学认为在活动中坚持不懈，主要得益于这种开放的评价和反馈机制。

2. 注重实践效果，鼓励多元的参与方式

封闭意味着落后，开放才能赢得发展。在网络思政教育领域贯彻开

放的发展理念，辅导员不仅需要营造开放的环境，更要注重实践效果，深入理解网络思政教育的基本规律、虚拟与现实的内在联系，以及教育对象的特点和需求。对于网络思政教育活动效率的高低、结果的好坏，不能仅凭个体狭隘的所见所闻及臆断推测，而要敞开接纳多元的参与方式，将活动影响力扩展到不同学院、不同年级、不同专业。“叫醒梦想青春运动”虽由某个辅导员在某个专业内部发起，但是在线上线下不断的宣传，鼓励所有有意愿的同学加入到活动中，并且邀请各辅导员、任课老师参与，接纳不同的互动方式，有的小群体自发形成了微信群，有些考研人以微博签到方式约束自己，还有的宿舍则重新设置了闹钟时间，各种参与和互动方式使得该学院逐渐形成了晨读之风和运动之风。在采访中，有的同学说，自己虽然并没有加入 QQ 群，但是受学院整体氛围的影响，也开始按照该活动的要求约束自己，定时去晨读、运动，晚上会看到很多活动参与者在操场跑步，自己也很受鼓舞，与他们约定时间一起锻炼，最后竟成功坚持了下来。

（五）践行共享发展理念，构筑广泛受益的师生共境

《建议》强调：“共享是中国特色社会主义的本质要求。必须坚持发展为了人民、发展依靠人民、发展成果由人民共享，使全体人民在共建共享发展中有更多获得感。”对于高校而言，落实共享的发展理念，最根本的是将“以生为本”的教育理念落到实处。在“全员育人”、“全过程育人”、“全素质育人”的联动机制之下，共享不仅表现在任课教师、辅导员两只队伍的有效联动，还表现在利用一切可利用的资源构筑网络环境下的师生共境。

1. 以生为本，关注学生对网络群的切实需求

辅导员开展网络思政教育的对象是大学生群体，这一群体善于接受新事物，成长速度快，这就要求辅导员坚持“以生为本、因材施教”的教育理念，强化服务意识，关注学生需求，舍得在学生身上下功夫，并

且尊重学生个性发展，为学生提供适合的教育方式和多种选择的机会。辅导员还要在网络环境中不断丰富自己，提升网络媒介素养，不仅能转变教育观念，与学生平等对话，还能使用网络语言，与学生进行很好的沟通，更重要的是要善于在网络环境中利用教育实践加强理论研究，并把研究成果运用于教育实践，与大学生同行。“叫醒梦想青春群”并不是一蹴而就，它是在辅导员做了大量调研工作，充分了解学生需求之后逐步创建的，它以学生的利益需求为出发点，采用学生普遍可以接受的方法，构建了开放的评价和反馈机制，集学生的智慧为学生服务，因此具有很大的活力。

2. 师生联动，创设 QQ 群的受益共同体

和谐的师生关系是开展网络思政教育不可或缺的重要因素。随着大学“以教师为中心”的模式日渐式微，“授业”转变为“导业”，“重教”转变为“重学”，这使得学生与任课教师的交流更多局限于课堂。但是高校全面育人的目标不该成为辅导员等“少数人的事”，它应该成为“众人之事”，了解到学生和任课教师之间具有课堂外的交流需求，“叫醒梦想青春群”邀请同学们喜爱的老师加入，任课老师不仅与辅导员一起监督学生在群里的日常动态，了解学生的实际情况，有针对性地调整教学任务，而且加强了与学生的互动，拓展了育人的时间和空间，学生和老师在其中都能广泛受益，调查中，71.3%的同学认为教师的参与对自己有很大的激励作用。

参考文献

[1]《中共中央关于制定国民经济和社会发展第十三个五年规划的建议》，载《人民日报》，2015 年 11 月 4 日。

[2] 张世欣：《思想政治教育接受规律论》，上海：华东师范大学出版社 2005 年版。

[3] 杨建义：《大学生思想政治教育路径研究》，北京：社会科学文献出版社2005年版。

[4] 范文：《五大发展理念是对马克思主义发展观的继承和创新》，载《行政管理改革》，2016年第1期。

[5] 齐卫平：《五大发展理念融入高校思想政治教育：新任务和新要求》，载《思想政治教育》，2016年第5期。

[6] 陈金龙：《五大发展理念的多维审视》，载《思想理论教育》，2016年第1期。

[7] 谢辉：《学习贯彻五大发展理念 促进高校持续健康发展》，载《高教发展研究》，2016年第6期。

[8] 王立军、龚敏：《网络思政教育视野下的独立学院辅导员工作机制研究》，载《教育观察》，2016年第9期。

（作者简介：齐晶，潍坊学院讲师）

后　记

2019年3月18日，习近平总书记主持召开学校思想政治理论课教师座谈会并发表重要讲话，强调："办好思想政治理论课，最根本的是要全面贯彻党的教育方针，解决好培养什么人、怎样培养人、为谁培养人这个根本问题。"可见，党和国家对人才培养问题高度重视，这就亟待进行思想政治教育理论与实践层面的创新研究。根据习近平总书记的讲话精神，在深化思想政治教育基础理论研究的基础上，要以提高思想政治教育实效性为直接目标，以培养社会主义事业的建设者和接班人为最终目标，以创新教育教学模式为途径，以深化教育教学改革为动力，全面推进思想政治教育实践活动的开展。对思想政治教育理论和实践进行研究，既是当今时代的迫切呼唤，也是应对意识形态领域挑战的必然要求。

中国特色社会主义进入新时代，这是中国发展新的历史方位。进入新时代，思想政治教育责任重大，使命光荣。随着时代的发展，思想政治教育的目标和内容都发生了相应的变化，因而需要持续推进思想政治教育理论与实践的深入研究，积极探索与构建思想政治教育的新理论、新方法、新内容和新机制，不断提高思想政治教育实效性，保证思想政治教育有效性。进入新时代，思想政治教育理念、内容、方法必须按照时代需要不断创新发展，自觉贯彻以人民为中心的思想，树立起新时代的思想政治教育观。

为总结思想政治教育理论和实践探索成果，我们组织编写《高校思想政治教育与教学工作创新研究》一书，以应对新时代思想政治教育理论与实践领域面临的新问题。希望思想政治教育工作者能从中获得收益和启发，从而提高思想政治教育的针对性、实效性和有效性，增强思想政治教育的吸引力、亲和力和感染力。本书汇集一批思想政治教育优秀论文，从理论和实践两个方面对当前思想政治教育的前沿问题展开研究。